TINTA DA CHINA
brasil

O Pauzinho do Matrimónio

O PAUZINHO
DO
MATRIMÓNIO

ALMANAQUE PERPÉTUO

NOVA EDIÇÃO AUMENTADA COM UMA SUBSTANCIOSA

ARTE DE GOZAR E FAZER GOZAR

Várias poesias e descobertas importantes

RIO DE JANEIRO
TINTA-DA-CHINA
MMXV

ALMANACH
DO
DO
MATRIMONIO

O PAUSINHO

DO

MATRIMONIO

ALMANACH PERPETUO

NOVA EDIÇÃO AUGMENTADA COM UMA SUBSTANCIOSA

ARTE DE GOSAR E FAZER GOSAR

Varias poesias e descobertas importantes

Melhor é esperimental-o que julgal-o.
CAMÕES—*Lusiadas*, Canto IX.

PARIS
IMPRIMERIE V. LE CHASTE
69—Rue de la Pudicité—69
4881

Este volume baseou-se na seguinte edição:
«*O Pausinho do Matrimonio — Almanach Perpetuo*»,
cuja capa se encontra reproduzida na página anterior.
Desconhece-se o editor, o local e o ano de publicação,
bem como a autoria dos textos.
Respeitou-se integralmente o texto e as imagens.

Edição apoiada pela Direção-Geral do Livro e das Bibliotecas / Secretaria de Estado da Cultura — Portugal.

P654p Pinheiro, Rafael Bordalo, 1846-1905
O pauzinho do matrimónio / Rafael Bordalo Pinheiro;
edição de António Ventura.
1.ed. — Rio de Janeiro: Tinta-da-china Brasil, 2015.
176 pp.; 18,5 cm

ISBN 978-85-65500-17-3

1. Ficção portuguesa. I. Título

CDD: P869
CDU: 821.134.3

1.ª edição: outubro de 2015
Edição: Tinta-da-china Brasil
Capa e projeto gráfico: Tinta-da-china Brasil

Tinta-da-china Brasil
Largo São Francisco de Paula, n.º 34, 15.º andar
Centro RJ 20051-070
Tel. 0055 21 8160 33 77 | 00351 21 726 90 28
info@tintadachina.pt
www.tintadachina.pt/brasil

Índice

Índice das Gravuras

AVISO IMPORTANTE

Não fica reservado nenhum direito de propriedade literária ou artística do pauzinho. Pode ser pois reproduzido em qualquer parte e muito principalmente no Brasil.

As contrafacções, porém, conhecem-se facilmente. Hão-de ser menos excitantes e mais sensaboronas.

Pertencendo à escola ultra-avançada em questões de propriedade, os editores aconselham às pessoas que puderem apanhar este livro por qualquer meio, compra, achado ou empréstimo (exceptua-se a palmação) que lhe chamem seu para todos os efeitos e o não restituam para efeito algum.

AOS CATURRAS

Vão gritar muito contra o *pauzinho*. Dirão que é imoral, que não tem graça e há-de até parecer-lhes perigoso. E contudo serão eles próprios, os pudicos, os castos, que hão-de comprar o livro e lê-lo de uma assentada.

Não fizeram outro tanto a um romance — magnificamente belo na forma e na essência — que se publicou há pouco? Gritaram porém menos, unicamente porque na página 320 a luxúria desenvolta e livre se achava encoberta nas galas opulentas de um estilo soberbo, e porque mais adiante foram substituídas as três letras finais da palavra *puta* por umas discretas reticências. Talvez também contribuísse para lhes abrandar os ímpetos os *reclames* continuados que anunciaram a publicação deste e as reservas extremas com que aquele é dado à estampa. Já se sabe que não metemos em conta o mérito de um e a insignificância do outro. Quem se importa com isso! Por descargo de consciência, diremos, todavia, que o fim do *pauzinho* não é perverter, mas divertir. Composto para ser lido por homens, não vimos inconveniente em chamar as coisas pelo seu próprio nome, porque, afinal, digam o que quiserem, a porra há-de ser sempre porra, muito embora lhe inventem nomes mais ou menos sonoros.

E se ele for parar às mãos de alguma menina que, por excesso de ingenuidade, se apegue a ele como as velhas ao seu Santo António? Não será culpa nossa. Nós escondemo-lo bem, elas que façam outro tanto: guardem-no onde puderem e… regalem-se com ele!

Os editores

ESTAÇÕES

Primavera dos 7 aos 14 anos.

Estio dos 14 aos 30 anos.

Outono dos 30 aos 50 anos.

Inverno dos 50 aos 70 anos.

Dos 70 anos em diante o *pauzinho* faz-se múmia. Não há calor que o anime, nem luxúria que o levante.

ECLIPSES

2 de Março. — Eclipse anular do PAUZINHO, invisível em Lisboa. Principia às 5 h. 19 m. e 8 s. da manhã, e acaba às 10 h. 22 m. e 9 s. da manhã.

17 de Maio. — Eclipse parcial de um virgo problemático, invisível em Lisboa, porque se dá numa alta personagem feminina de outra cidade. Principia às 8 h. 5 m. e 2 s. da manhã, e acaba à 1 h. 39 m. e 6 s. da tarde. Regala-se pois a augusta dama com uma foda de seis horas, pouco mais ou menos.

12 e 13 de Agosto. — Eclipse parcial do cono, visível em Lisboa, porque várias damas se recolhem mais cedo às suas alcovas. Entra na penumbra da luxúria (meia-luz da alcova) dia 12 às 8 h. 66 m. e 2 s. da tarde. Entra na sombra (começa a ser escondido pelo caralho e partes adjacentes) dia 12 às 10 h. 6 m. e 1 s. da tarde. Meio-dia do eclipse (o cono completamente cravado e escondido) dia 12 às 11 h. 32 m. e 1 s. da tarde.

Sai da sombra, dia 15 às 0 h. 56 m. 0 s. da manhã. Foi um *trabalhinho* de hora e meia, pouco mais ou menos.

Sai o cono da penumbra (completamente descoberto) dia 13 às 2 h. 17 m. e 9 s. da manhã. O caralho ainda o afagou nas bordas outra hora e meia, pouco mais ou menos.

JANEIRO — AQUÁRIO

O *aguadeiro* (gaita galega) piça suja e pouco apetecida;
bom descanso para o chinguiço.

Neste mês o cobertor,
E o alvo, quente lençol,
Fazem mais doce o crisol
Que apura o gozo de amor;
Tem o beijo mais sabor
Dado em pomas delicadas
Sobre os arminhos que as fadas
Tecem no Inverno pràs belas;
E os olhos são como estrelas
Entre nuvens desmaiadas.
Numa palavra, em Janeiro,
Sobre um flácido colchão,

A foda dentro da cama
É o prazer mais fagueiro,
A maior consolação.

Toda a luxúria se inflama,
Nesse tépido calor,
Que acende tantos desejos;
E mil suspiros e beijos
Brotam do íntimo ardor,
Da volúpia na cobiça:
De modo que é usual
Dizer-se que em Janeiro
Não há órgão genital
Masculino, não há piça,
Que tendo o valor inteiro
Não cumpra co'o seu dever
Dentro da cama a foder.

Nessas noites prolongadas
As solteiras e as casadas
Todas no amor frutificam;
E há-de ser raro o varão
Dos que menos prolificam,
Que mesmo a meio tesão
Não avolume a barriga
De qualquer mulher amiga.

FEVEREIRO — PISCES

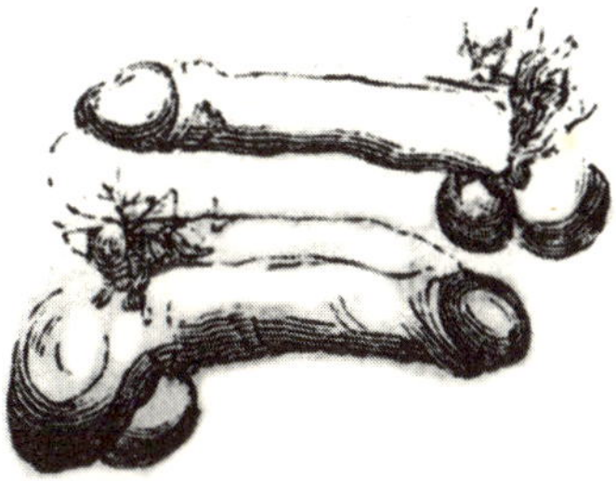

Bons safios de cabelo.

Noites frias de Fev'reiro!
Ao calor dum bom braseiro
As mãos tacteando o seio
De moça fresca e rosada,
A língua sorvendo em cheio
Os doces lábios da amada,
Senti-la depois nos braços
De volúpia desmaiada,
E ali mesmo, no *fauteuil,*
Levantar-lhe as alvas saias
De finíssimas cambraias,
Pô-la por cima, enfiá-la...
Não há nada que semelhe
Do prazer tão doces laços,
Tais carícias, tais abraços:

Perde-se a voz e a fala,
Perde-se tudo... e no entanto
Fica a gente suspirando
Outra vez por novo encanto,
Nova delícia de amor.

Acorda o doce calor
Do aromático fogão
Mais relutante vigor
E mais cúpido tesão;
A dama, ainda seminua,
Alvos seios palpitantes,
Ajoelha no tapete,
Beija a flor, que é toda sua,
Com os lábios anelantes
Do tépido orvalho, e mete
A boquinha graciosa
Até à doce raiz;
Oh! que delícia amorosa,
Em momentos de ventura!...
Não há nada mais feliz
Desde o berço à sepultura.

MARÇO — ÁRIES

Carneiro — Pentelho curto e crespo. Tem dar de cego: onde marra é seu.

Março, o doce mensageiro
Da Primavera florente;
Se a terra de novo sente
Nas entranhas maternais
Palpitar o sacro fogo
Das suas grandes vestais,
A natureza animada
Sente o estímulo do prazer,
E nas carnes inflamada
Ceva a luxúria a foder.
Renasce a doce lascívia,
É o mês da terna pívia
Pra afeiçoar o tesão

Às futuras lides fortes,
Em que os homens nas consortes
Embainham o espadão.

Neste mês serve a luxúria
Em qualquer parte; ao luar,
Nos jardins e nos pomares,
Mesmo em rocha, à beira-mar;
Recresce do amor a fúria,
E em terno furor, divino,
O membro viril a arfar
É qual badalo de sino!

ABRIL — TOURO

Touro — Foge que te lixam!

O mês das rosas; os poetas
Cantam as flores de Abril,
As asas das borboletas,
E do céu o claro anil;
Mas os poetas ideais
Deverão antes cantar
As palpitações carnais
Que anseiam por fodas mil!
A luxúria a inflamar
Os seios das moças belas
Que neste mês só desejam
Apertar nas coxas delas
Grossos membros coruscantes,
Que animam, afagam, beijam,

Irritando-os, ofegantes,
Para serem atravessadas,
De lado a lado espetadas
Na ardente fúria do amor.

Oh! mês da luxúria em flor!
Como é doce em teu regaço
Colher no íntimo abraço
Da donzela graciosa
Em cada peito uma rosa,
Em cada beijo um suspiro!
E em misterioso retiro,
Dos campos na solidão,
Sob uma árvore copada
Meter-lhe na mão nevada
Um atrevido tesão…!

Neste mês delicioso
Aos que não sejam poetas
Recomendamos o gozo
Das delicadas punhetas
Debaixo do belo sol,
Que inunda os campos de luz;
Mesmo onde gorjeia à flux
O canto do rouxinol.

MAIO — GEMINI

Irmãos siameses — Duo in tomate uno!

Em Maio
A quem vo-lo pedir
Dai-o.
Rifão popular

É o mês em que as donzelas,
E até as matronas belas
Sentem o cono florir.
Não há moça recatada,
Que não afague, ansiada,
Em dulcíssima expansão
O eléctrico pentelho,
E que adiante do espelho
Não o coce com a mão.

Andam todas langorosas
Em volúpias amorosas,
Mais doces que o mel das rosas,
E mais fáceis de colher;
É abraçá-las, beijá-las,
Em pleno seio apalpá-las,
Sobre uma cama deitá-las...
E logo, logo, foder.

Oh! lindas noites de Maio!
A lua em doce desmaio,
Nos abraços dos amantes,
Dá às pomas desnudadas
Mil delícias ignoradas,
Mil desejos palpitantes.

Neste mês tem mais encanto
A foda à noite. O quebranto
Da donzela é mais lascivo
À branda luz do luar...
Mas também de madrugada
Não é prazer menos vivo,
No leito, bem abraçada,
Dar-lhe a porra pra chuchar.

JUNHO — ESCORPIÃO

Feio mas pouco perigoso. É mais o susto que outra coisa.

Quando o sol o fogo ardente
Vibra sobre a natureza,
Toda a mulher nova sente
A grande luxúria acesa;
Arde-lhe o sangue no peito,
Abrasa-lhe o coração,
Só quer apalpar a jeito
O mais rábido tesão;
Deseja ser trespassada,
Por toda a parte fodida,
Nunca fica saciada,
E muito menos rendida.

Cada vez deseja mais
Matar a sede do amor
Nos prazeres sensuais,
Que em Junho o grande calor,
Acende a voluptuosidade:
Só há da foda o furor,
Nem sombra de castidade.

Os lábios, na insânia ardente
De misteriosas carícias,
Sorvem na mulher tremente
As mais íntimas delícias;
A doce perna nevada,
Túmidos seios em flor,
Doce língua nacarada,
Dulcíssimo favo no ardor
Tudo, tudo é sorvido,
E num último gemido
Brotam pérolas de amor.

JULHO — LEO

Curto, cabeludo, grosso, cabeçudo e venta aberta.
Potente qual leão no deserto. Tremei, ó chefes de família!

O calor é irritante,
É a pimenta do amor,
Nada mais estimulante
Que da natureza o ardor!
A mulher anda arquejante,
Ansiosa de encontrar
Uma espiga dura e grossa,
Que a possa atravessar.
Não há menina nem moça,
Que não suspire ao luar,
Contando por cada estrela
Uma foda grata e bela,
Ou punheta langorosa,

Que a faça delirar
Na delícia mais gostosa
Do seu cono a palpitar.

À noite, nuas no leito,
Lamentam na solidão
Não estarem bem a jeito
Sob um rábido tesão,
Chamam por ele sonhando,
E acordam sempre encontrando
No pentelho doce e brando
A mimosa, nívea mão.

Neste mês a resistência
Aos prazeres sensuais
É mais leve que a essência
De aromas orientais;
Foge a virtude e a inocência,
Ardem as fúrias carnais
Da luxúria insaciável
Em frenética expansão;
Todo o cono é perfurável,
Toda a mulher um vulcão.

AGOSTO — VIRGO

Os Três Vinténs — *Pauzinho* deita galã.
Funga-lhe a venta no auge da gula.

O mês dos pomos corados,
Em que germina o licor
Da vinha em cachos dourados,
E em transparente rubor.
Como é doce, neste mês,
Colher a íntima flor
Dum seio em doce nudez,
Nas alvas pomas do amor!
A donzela delirante
Sente o peito sequioso
Dos beijos do terno amante
Num abraço voluptuoso.

E frutas mais saborosas
Tem ela nos seus encantos:
Nos lábios beijos e rosas,
Nas tetas favos de mel!
No cono prazeres tantos,
E no cetim da alva pele
Da perna nua e redonda,
Que é só, comida de beijos
Em tudo o que mais esconda,
Que se matam os desejos
Do infinito prazer;
No cálido mês de Agosto
Não há no mundo outro gosto:
— É foder e mais foder.

SETEMBRO — LIBRA

Há para todos os paladares.

Abrem-se os largos celeiros
E os lagares espumantes;
São os dias prazenteiros
Das colheitas abundantes;
As mulheres têm desejos
Do vinho mosto a ferver;
E muito mais de mil beijos
Na cama quente a foder.

Neste mês a incubação
Dos prazeres sensuais,
No leito, em fofo colchão,
Produz um grande tesão

E em mil volúpias carnais.
Há vontade de dormir,
Sendo os peitos da mulher
Um travesseiro, e unir
Bem as partes genitais
Pra demorar o prazer.
Assim, na estufa do amor,
Ninguém será impotente,
Tendo a cautela de pôr
Junto à cama o bom licor
Dum copo de mosto quente.

E também não será mau,
Pra saciar o tesão
Enfiar por trás o pau,
Em graciosa evolução.

OUTUBRO — CÂNCER

Signo de arrelia. Cavalo que não quer espora!
Pauzinho no hospital.

Pálidas noites maviosas
De transparente luar;
Em delícias amorosas,
Quando as árvores rumorosas
Deixam as folhas voar
Na alameda solitária,
E a doce meiga donzela
Envolta em branca peliça,
Sonhando a delícia vária
Da luxúria na cobiça.

Deseja ter nas mãos dela
Dois colhões e uma piça!

Oh! noites de íntimo encanto,
No vosso fúlgido manto
Quantos beijos delicados,
Nos quiosques isolados
Encobres, quando a menina
De beleza peregrina
Foge da sala, e ao jardim
Vai procurar o amante,
Que de porra triunfante
Aguarda o ledo festim!

Rescende mais o jasmim
No eirado silencioso,
A donzela o cono ansioso
Descobre sobre a cortiça
Do quiosque ermo e calado,
E o amante afortunado
Enterra-lhe a rubra piça.

E a foda mais poética,
Recomenda-a, com razão,
A plástica e a estética
A quem tenha bom tesão.

NOVEMBRO — SAGITÁRIO

Pauzinho em dia de gala.
Pimpão com sua farda encarnada.
Cabeça mais encarnada que a dita.

Neste mês há só um meio
De foder a rego cheio;
É depois da meia-noite,
Quando a chuva e o vento açoite
As vidraças do salão,
Ter a mulher bem guardada,
Em bom leito agasalhada
Sobre um flácido colchão.

E depois de ceia opípara,
Em que o vinho generoso,
Bebido com parcimónia

Estimule o íntimo gozo
Da foda sem cerimónia,
Entrar no quarto da bela,
Meter-se logo na cama,
Por trás, abraçar-se a ela,
Roçar a nádega lisa,
Que mais o tesão inflama;
Entre a franja da camisa
Chupar o bico da teta,
Afeiçoar nas mãos mimosas
Um princípio de punheta
O membro já palpitante,
E nas coxas deliciosas
Apertá-lo um só instante...
Depois, logo, sem receio,
Pôr-se por cima, e em cheio
Enfiá-la bem por diante.

É o prazer desta foda
Entre outras várias razões,
Cravar bem a piça toda
'Té à raiz dos colhões.

DEZEMBRO — CAPRICÓRNIO

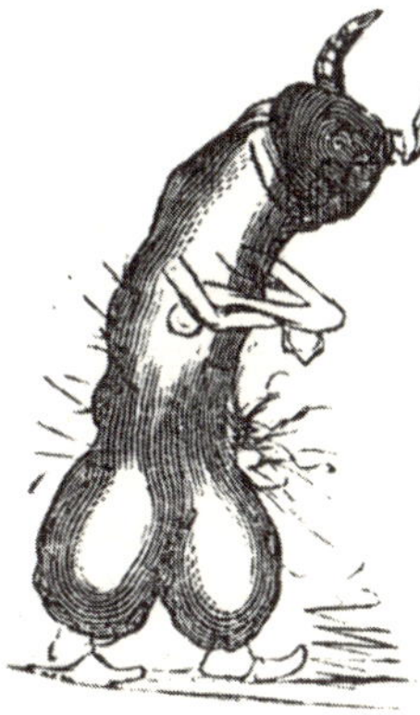

Pouco tesão. Colhão caído e pêlo ratado.
Infeliz em família. Atreito a chatos de carneiro.

Frio! que frio, menina!
Chega-te mais para mim…
Na tua boca pequenina,
Nos teus lábios de carmim,
Quero aquecer-me com beijos,
E matar estes desejos
Da foda. Que frenesim!

Mas antes, filha, parece,
Pois que a porra não se aquece,
E mais e mais esmorece,
Que se os teus lábios mimosos

A roçarem na cabeça,
E a tua língua a lamber
Em suspiros langorosos,
Ela de repente cresça,
E possa satisfazer
A tua ardente paixão
Da foda na convulsão.

A donzela palpitante
Oscula a pica do amante,
Com a língua doce e vermelha
Grande tesão aparelha;
Treme toda de luxúria,
Arreita-se a grande fúria
De uma foda colossal;
Ceva-se nas carnes dela
Todo o desejo carnal.

Donde se vê que o intróito
Duma foda, neste mês,
É o conhecido coito
Imitado do francês.

JUÍZO DO ANO

Júpiter, o putanheiro.

Salve, ano da Foda e da Graça, tu és o mais lascivo, o mais travesso, o mais luxurioso de quantos se contam neste ciclo caralhal.

Fazei roda, leitores amigos, arreitai vossas porras, que não haverá piça velha que não levante a cabeça com ufania ao sentir que a ameigam e a acariciam deleites com que ela se não lambeu, nem quando embebia níveas tetas, nem quando abocava rosados virgos. Sede confiados e resolutos — o ano que desponta está recomendado ao mais insolente dos planetas, a Júpiter, o putanheiro.

Filho de um fanchono intratável — de Saturno — que nem poupou os próprios filhos — de Saturno, que em lhe dando para foder era sempre em duplicado — Júpiter foi-se pondo, ainda de leite, nas amas que o criavam — Itoma e Neda ou Ida e Amaltea — putas de fina raça, como saíram, salvo seja, todas as filhas do rei de Etólia.

Dotado de grande porra, com ela aprendeu a andar. De grande, tão despropositado o traste se lhe fez, que as deusas o compararam na altura ao monte Olimpo, e na cabeça ao capitólio.

Não havia cono, por mais desmantelado e batido, que não se cobrisse de suores e não berrasse de dor, ao investir com ele este membro façanhudo; não havia cono que não dissesse, depois de o ter tragado: — tu és Supremo, ó Júpiter, tu és Altissonante, Omnipotente, pai dos homens, porque és capaz de foder a humanidade inteira — e até dos deuses, porque não chegam as mulheres que há na terra para fartar o teu furor genital.

E, com efeito, de que tricas não foi capaz este eterno fodedor! Ele pôs-se na irmã, de que era gémeo — em Juno, sabem, com a qual, diz a lenda, já no ventre materno tivera relações; ele montou Dande, Astena, Semele,

Europa, todas as mulheres boas do seu tempo, fossem casadas ou solteiras, fossem ninfas ou deusas.

Para as seduzir e render mudava de forma, consoante os luxos de cada uma; mas, cisne ou cuco, ouro ou jaspe, homem ou touro, foi sempre a mesma porra.

Aonde a muitos rebentam os cornos, a ele nasciam-lhe os filhos. Minerva brotou-lhe da cabeça; é provável que Baco lhe saísse do estômago; as musas, porém, essas é que com certeza lhe jorraram dos colhões.

Produziu tudo isto, tudo isto valeu. Hoje é planeta — tremei, ó conos! —, planeta maior do que a terra mil quatrocentas e setenta vezes! Só podia caber na infinidade do espaço uma monstruosidade tão grande ou uma grandeza tão monstruosa.

Mas ainda agora conserva a mesma potência. Inflama-se com as ardências de Câncer, luxuria com as delícias do Sagitário, esporra-se com os encantos de Gemini e de Virgo, e se deixa pender a cabeça é ao roçar pelo *Capricórnio.*

— Lembra-te de que também foste corno — diz-lhe este desavergonhado.

— Que maravilha fosse corno quem tanto fodeu — replica Júpiter omnipotente, — se nem deixaram de o ser os que nunca passaram de ser fodidos.

Teve muitos templos na terra este tutelar dos alcouces; mas o mais soberbo deveu-o a Bizas, a mais gentil das raparigas, a mais concupiscente de todas as Cíclades do célebre mar Egeu. Edificou-o ela por suas mãos. Ao acabá-lo morreu extenuada, porque cada vez que lhe engastava uma jóia desfalecia de sensual prazer. Tanto se *veio* que se *foi.*

Quereis gozar como Júpiter? Aprendei a foder com as artes e manhas com que ele soube foder.

Observai o astrónomo, fiel depositário de todos os segredos do velho putanheiro, e que não vos esqueçam jamais as advertências que dele recebemos, e daqui vos transmitimos com lealdade sem par.

Se for *sereno*, fodei manso, mas fodei só. Seriam prematuros quaisquer luxos desregrados, embotar-vos-iam o apetite, dar-vos-iam cabo do tesão.

Se for *chuvoso*, envergai a previdente camisa-de-vénus; o trabalho *em nu* expor-vos-ia a catarro crónico ou a pingadeira sem fim.

Se for *nublado*, sede rápidos na acção; evitai encontros, porque os cornos, que tremem de ser cabrões, vêem na sombra como as toupeiras.

Se for *ventoso*, alternai as posições, enfiai o membro por onde puderdes, sede lestos no serviço, e se acertardes de ficar por baixo não desanimeis, que às vezes mais do que os que montam gozam os que são montados.

Se for de *trovoada*, enroscai os braços às tetas, aparafusai toda a porra nos seios do cono insondável, segurai-

-vos como puderdes — com a boca ou com a língua, que até essa vos pode ser tábua de salvação.

Se o tempo nem estiver *bom nem mau,* governai-vos com o que houver, não desdenhando a punheta, não perdendo o apalpão, fodendo vestido ou despido, em pé ou deitado, de lado ou de costas, como a pressa requerer ou a ocasião exigir.

Se assim o fizerdes, leitor amigo, se esta prudência guardardes, daqui vos juramos, à fé de quem somos, que vivereis vida folgada.

E agora que nos ouvistes, de braço hirto e murro cerrado vos saudamos, e de pau feito ou porra tesa vos abençoamos e aspergimos, repetindo as palavras do rito: — ide-vos em paz e... fodei-vos!

UMA CENA DOMÉSTICA

A família compunha-se de marido, mulher e um filho de dezanove anos. Frequentador assíduo da casa era o médico da aldeia, que tratava de todos com desvelo. Um dia chegou do Porto uma criadita de quinze anos, desenxovalhada e ladina, e no mesmo dia partia o rapaz para Lisboa a tratar de certos negócios, regressando pouco depois ao lar paterno, sôfrego do conchego da família e ansioso por tornar a ver a moça, que apenas contemplara de relance, mas cujos olhos, de uma viveza espantosa, lhe haviam causado profunda impressão. Entre os dois estabeleceu-se logo a mais agradável convivência. Ele, porém, dias depois, começou a fazer-se lívido. Encovavam-se-lhe as faces, apareciam-lhe profundas olheiras e apresentava tais sintomas de oculta doença, que o pai, cuidadoso pela saúde do rapaz, encarregou o médico de o interrogar, e curá-lo, se porventura na viagem a Lisboa houvesse apanhado o que ali se encontra tão facilmente.

O digno homem, dedicado como era à família, chamou o moço de parte, o qual, depois de muito instado, confessou que de certa parte do corpo por onde dantes só costumava sair a urina e um licor gomoso e aleitado, origem de deliciosos prazeres, corria agora outro líquido de aparência menos agradável, causando-lhe isto dores atrozes. O médico compreendeu e receitou-lhe uns remédios que, Deus queira, nunca o leitor tenha de provar.

— Mas, doutor, o pior não é isso, pouco me importa padecer. O que me custa é ver a criada no mesmo estado em que eu estou. Tivemos uma noite destas certa conversação muito animada e parece que, de então para cá, se lhe pegou o mal, porque já ainda agora se queixou.

— Isso é mais sério, homem; faça-a tomar imediatamente o que vou receitar.

O médico, vendo o caso um pouco complicado, contou depois tudo ao pai do rapaz.

— Que me diz: pois ele não podia ir a Lisboa sem trazer dessa fazenda!

— Se fosse só isso...

— Quê, pois ainda há mais?

— Há, infelizmente. O rapaz adiantou-se um pouco com a criada e esta queixa-se do mesmo mal.

— A Maria?! Oh!, com a breca, doutor, por isso eu sentia desde ontem certo ardor…

— Como, pois...

— É verdade. Uma noite destas não pude resistir e enfiei-me pela cama dela… Ontem ainda lá tornei, mas não a encontrando no quarto, fui satisfazer com minha mulher os desejos que me devoravam.

O médico fez-se pálido.

— Assim também sua mulher está...

— Ai!, é verdade, receio muito que isso aconteça. Mas, ó doutor, trate de debelar o mal antes que ele se manifeste.

O digno discípulo de Esculápio, porém, já tinha posto o chapéu e, safou-se, respondeu do meio da escada:

— Tomara eu agora tratar de mim, que hei-de ter bastante com que me entreter. Não faltava mais nada! Um esquentamento na minha idade!

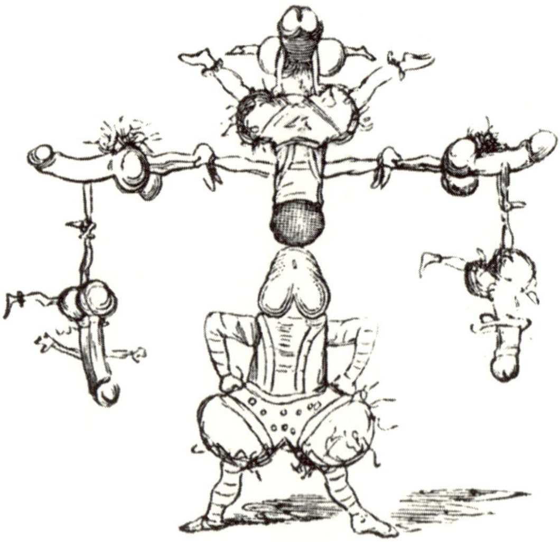

A família Marsarpi — Atletas de entre pernas.

CARALHOFOBIA

Não só as faculdades de espírito se desenvolvem agora com uma precocidade pasmosa. Dá-se na natureza física igual fenómeno. O primo Gregório, por exemplo, era bacharel aos dezoito anos e levava no cu aos dez. Por mim, aos doze, saía da introdução e já mandava foder o criado que dera na marmelada de me comer de punheta. O que eu queria era greta. Latejava-me a porra entre as próprias bimbas roliças. Então era eu bom pequeno. Para abrandar as fúrias do dragão sanhudo, fazia a mim, com muito gosto, pondo o lúbrico pensamento nas tesas mamas de um roliço duro, de que a prima Anica deixava adivinhar as belas formas por baixo do airoso corpete de um vestido *chique,* à Benoiton. Aos treze perdi os três vinténs, saboreando a primeira foda.

Era a criada do explicador.

Eu saía à noite da lição. Ela alumiava-me até ao fim da escada. Que cuidados tinha em mim, que não caísse, que não me constipasse, que fosse direitinho para casa.

Um dia, não podendo mais, mostrei-lhe a bela raiz do alçapão.

— Ai menino, que faz!

Caiu-lhe o candeeiro das mãos e ficou às escuras.

Era ao fim da escada.

A porra, vermelha de júbilo audaz e venta larga, saltava fumegante e altiva fora da braguilha.

Eu avanço, ela recua... Talvez para se pôr a jeito... Vai com o cu de encontro ao corrimão.

Entro em forma, de pontaria feita; tomo de assalto as saias, cinjo-a pela cintura, chego-a a mim, sinto as suas carninhas quentes e macias.

Ponho-lhe a porra em linha de combate e os colhões de assédio à cona.

— Ai menino, não me desgrace!

Sosseguei-a.

Os meus joelhos tocam os seus, mal me tenho em deliciosas sensações nos bicos dos pés, em doces estremecimentos de prazer.

Suspira ela e fungo eu.

Sinto-me bem! Eu via o céu diante dos olhos, eu via as estrelas, eu ia às nuvens em cada esporradela.

Dei-lhe uma, dei-lhe duas, dei-lhe todas.

Quanto mais ela diz *tira, tira*, mais eu lho meto.

Quando acabei, a grandíssima puta deu-me um beijo, e, a vir-se ainda, fez-me este elogio de porra:

— Ai filho, fodes tão bem!...

Se fosse hoje... ia-lhe por desprezo ao cu.

L'HOMME FEMME

Certo dia, Dumas filho, galicado,
Jura às damas cruel, atroz vingança,
Faz um livro que gira em toda a França
Que corre em todo o mundo corneado.

Leitor, se por desgraça estás casado
Não leias, meu leitor, aquela dança.
Se és corno, não te importe, isso não cansa
E no mundo há manadas desse gado.

Mas se um dia lhe surdir esquentamento,
Que o traste teu, altivo, rubro e são
Em traste te transforme bem nojento.

Não mates a mulher; não mates, não!
Corre, amigo, à botica num momento,
E compra copaíba ou injecção.

Pauzinho de capote e lenço.

CARA DE CARALHO

Lavater deixou-o de fora. É preciso metê-lo para dentro, embora lhe custe, embora lhe doa.

O *cara de caralho* é vário na sua unidade; quero dizer, assim como não há duas porras do mesmo tamanho, nem dois conos, ou conas do mesmo feitio (oh, riqueza inesgotável da natureza!) assim não há dois ou duas caras de caralho que se pareçam a ponto de se confundirem.

Exemplo:

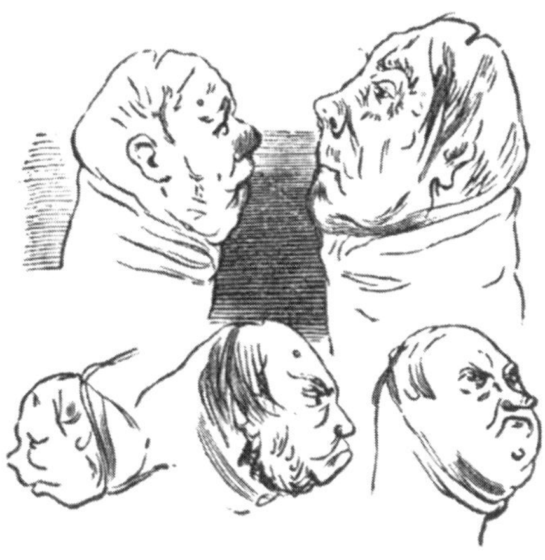

Sejamos almanaque. Como este ajuíza do alho-porro ou do nabo de S. Cosme, segundo os aguaceiros de Maio, digamos nós do cara em questão, segundo as feições que o distinguirem.

Se for de queixo caído,

de faces chupadas,

e raro pentelho,

o *cara de caralho* será impotente, podendo, maçador, deslembrado; um merda enfim.

Se tiver as ventas façanhudas, os olhos esporrados, os dentes pontiagudos mas raros,

o *cara de caralho* será insofrido, fodilhão, bulhento; um fadista, um biltre e nada mais.

Se o virdes luzidio, acetinado, de cabeça escalvada, como que de *fábrica descoberta*, de ademanes mulherengos, voz de tiple e meneios compassados,

o *cara de caralho* será... simplesmente sacana.

Apertemos ainda mais os fenómenos fisionómicos.

Cara de caralho esguio e chupado:

é puto.

Cara de caralho rechonchudo e nédio:

é ricaço, mas besta.

Cara de caralho vermelho:

é bêbado.

Cara de caralho picado de bexigas ou sarapintado de galico:

é valentão que leva sempre porrada.

Cara de caralho rijo de barba, mas comprido de orelhas:

é corno.

Cara de caralho bochechudo:

pode ser também *corno* mas... sagrado; de boca de assobio foi *mineteiro* no seu tempo.

Seja como for, *cara de caralho* é sempre desprezível, repelente, hediondo. As mulheres detestam-no, porque sabem que se lhe desabotoassem as calças haviam de encontrar no lugar da porra — cifrão cortado.

CHARADA

Qual é a palavra quê,
Sendo escrita com **C**,
Seja ou não cedilhado,
Não perde o significado?

PLANO MALOGRADO

Um sujeito casado desejava ardentemente que sua mulher lhe desse um filho.

Este desejo não é tão fácil de realizar como parece à primeira vista, principalmente quando se não possui um desses tesões descomunais e assombrosos, cujo admirável segredo foi confiado pela natureza a um número muito limitado de caralhos.

O sujeito, depois de várias tentativas infrutuosas, um belo dia, resolveu-se a um partido extremo. Visto que o seu tesão era inútil, decidiu-se pelo tesão alheio. Como não desejava dar escândalo na terra em que habitava, partiu com sua mulher em direcção a uma cidade próxima.

O acaso deparou-lhe para companheiro de viagem um sujeito de seis pés de altura, espadaúdo, possante e vermelho. Não podia fazer achado mais valioso. O nosso herói atirou-se para um canto do *wagon,* puxou o *bonnet* de viagem para os olhos e fingiu que dormia.

Passou-se então uma cena curiosa.

O colosso a que há pouco aludimos sentou-se ao lado da mulher do futuro cabrão e, com um pretexto qualquer, entabulou conversa, que se foi sucessivamente animando, e tanto que ao cabo de meia hora as mãos do sujeito haviam desaparecido completamente por baixo das saias dela.

Chegados à primeira estação, o nosso herói apeou-se, fingindo não ter nada de comum com a viajante do *wagon*.

A demora do comboio foi grande e o sujeito, quando voltou para o seu compartimento, levava a firme certeza de que lhes dera bastante tempo para fabricarem um robusto menino, cujo aparecimento à luz viria depois mencionado no *high-life*.

A atitude dos dois não lhe deixou a menor dúvida. Pelo que parece, o sujeito era travesso nos acessos amorosos, porque o penteado da mulher estava desmanchado e nas faces viam-se-lhes sinais desses beijos prolongados e voluptuosos que chamam o sangue à epiderme e arrastam tanto as mulheres.

O nosso herói estava — devemos confessá-lo — um pouco humilhado. Ser corno, mesmo por vontade própria, não deve ser das coisas mais saborosas. Em consequência disto, resolveu tomar o mais breve possível uma pequena vingança.

Quando o comboio chegou ao termo da viagem, o cabrão aproximou-se do outro e disse-lhe com um tom de voz excessivamente melíflua:

— Eu bem percebi.

— Bem percebeu, o quê?

— A manobra...

— Qual manobra?

— Não esteja a fazer-se de novas. O senhor pôs-se na nossa companheira de viagem.

— E então?

— Não lhe dou os meus parabéns.

— Porquê?

— Conheço-a de longa data. Tem um esquentamento crónico.

O outro encarou-o e desatou a rir, exclamando:

— Do que eu me livrei!

— Do que se livrou?

— Sim. Ia para me pôr nela quando, não sei por que inspiração, disse comigo mesmo — Pode sair-me caro!

— E então não a fodeu?

— Ora essa! Julga-me tolo? Fodi-a com camisa-de--vénus.

TODO NÃO!

Vem comigo pastora; pouco dista
A minha casa. Creio até ser esta!
Entra ali no meu quarto pela fresta,
Mas vê bem que ninguém te vá na pista!

— Desconfio! Consinta que resista!
— Desconfias de mim? Pior é esta!
Nisto um beijo de amor lhe dá na testa
E a faz entrar no quarto sem ser vista.

Na cama deita a bela descomposta…
Estremece, bem vejo? A causa é justa;
Perder os três vinténs sempre desgosta!

— Perdê-los, não!... A dor é que me assusta!
Enfim, se me não quer ver indisposta
Não mos tire duma vez, se lhe não custa!...

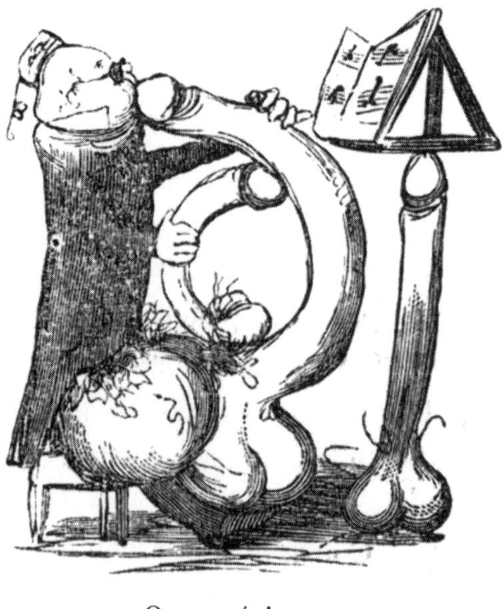

O saxopénis.

VARIAÇÕES

Primeira Noite

Ela estava molemente reclinada sobre o leito. Os alvos seios nus, solto o cabelo que os vinha afagar em longas e maviosas carícias; dos olhos semi-abertos brotava a luz magoada e terna da volúpia, em doce languidez, em brando esvaecimento de amor, na mórbida ânsia do suspirado gozo, e espalhava-se depois sobre as níveas pomas, quando olhava para elas no êxtase da lascívia, como se a alvura dos gémeos lírios a cegasse, ou desmaiasse ao vê-los tão formosos, sem poder beijá-los; o braço que não sustentava a gentil cabeça estendia-se ao longo do seu corpo, esquecido, em delicioso abandono, pousando a mão infantil abaixo do ventre nu, sobre o pentelho comprido, acetinado e negro, despido de imaginosos lavores, em toda a singeleza ideal da curva delicada e pura; resvalava à borda do leito a jáspea coluna, onde se enroscavam todos os suspiros, todos os desejos, todas as ânsias do amor, subindo, na ardência da luxúria, até ao santuário da vida, o doce cálice da ambrósia celeste; a outra perna, meio velada pelo rendado subtil da gaze transparente, deixava adivinhar a curva deliciosa, a sua lisura maciíssima, ficando nu o pé, a base cor-de-rosa desmaiada como as folhas entreabertas a desabrochar ainda no botão pequeno e breve como um suspiro.

Acerquei-me dela e beijei-a nos lábios, depois nas tetas, sorvendo-as; os seus olhos nublados já pela íntima concentração da volúpia tinham uma irradiação maviosa e dulcíssima.

O seio arquejava-lhe palpitante.

O ventre, redondo e nu, e o pentelho negro como azeviche, eram as duas coisas que eu, sôfrego, afagava mais com uma das mãos.

Depois passei a apalpar-lhe as nádegas.

Oh!, que delícia naquela curva redonda, macia, aveludada!

Nunca deixava de lhe sorver as tetas e de lhe beijar os lábios, chegando às vezes a meter a língua dentro da sua boca rosada e fresca, ao que ela correspondia tocando com a ponta da sua língua na minha, em titilações deliciosas.

Por fim, já não podia demorar mais a última consolação da lascívia; parecia um badalo de sino entre as minhas pernas a porra ardente e sequiosa. Introduzi-lha com um vigor enorme. Ela deu um grande grito, porque tinha o cono apertado, e abraçou-se mais a mim, estreitando muito as coxas contra as minhas pernas e unindo muito os seios ao meu peito. Parecia que os braços me queriam estalar, tanta era a fúria do seu prazer a abraçar-me.

Gemia, chorava, dizia o meu nome em beijos, chamava-me filhinho, metia-me a língua na boca, e cada vez enterrava mais no cono a porra esbrazeada.

Era um delírio impossível de dizer-se em palavras.

Eu sentia chegar o último momento, e cada vez profundava mais naquele abismo de delícias, quando ela deu um longo gemido, e ficou estatelada na cama, os olhos fechados, os lábios frementes, os braços pendidos, os seios túmidos, e o peito arquejante...

— Filha — suspirei eu, — mais um bocadinho, ainda não me vim!

Abriu os olhos, sorriu-se, beijou-me, abraçou-me com maior ânsia ainda, e começou num movimento de rotação das nádegas, e num erguer e abaixar de coxas alternadamente, que era mesmo um sarilho.

Eu não fiz o mínimo esforço. Deixei-me vogar naquele oceano de delícias.

O prazer divino prolongou-se assim mais alguns momentos, e quando cheguei ao último suspiro estava todo o meu aparelho genital dentro do seu cono, e assim, sem mudar de posição, adormeci.

Segunda Noite

A lua dava ao quiosque a vaga luz misteriosa, que desmaia em sombras. Havia na atmosfera um ambiente perfumado de magnólias.

Júlia, a branca e doce Júlia, estava sentada ao pé de mim, e beijava-me, enquanto eu lhe metia no seio, redondo e terso como o alabastro das estátuas gregas, a mão, ansiosa dos seus encantos.

Tacteava-lhe as pomas, mexia-lhe no pentelho, afagava-lhe brandamente as coxas, e a minha porra começava a engrossar e a palpitar, na ardente fúria do prazer divino.

Tirei-a para fora e meti-lha docemente na mão. Júlia apertou-a delicadamente; com os seus dedos delgados e mimosos principiou a coçar nos meus colhões, e a fazer umas titilações na raiz dos mesmos, e nas virilhas, e no rego das nádegas, chegando quase a introduzir o dedo no olho do cu, e com tal força que eu via as estrelas, na vertigem da lascívia.

Com uma arte infinita, curvou-se sobre a minha porra, e ao mesmo tempo que me fazia a punheta mais delicada e deliciosa, beijava-me e sorvia-me a cabeça da porra com os seus lábios de romã, e com as pérolas dos dentes comprimia o mais docemente possível a polpa do caralho irritado.

Passados dois minutos deste prazer inefável, apertando-lhe muito a formosa cabeça entre as minhas mãos crispadas pela ânsia da volúpia, assaltando-lhe e trincando-lhe os opulentos cabelos negros, apalpando-lhe ambos os peitos pendidos sobre a minha porra, tirei-lha da mão e da boca, e meti-lha nos seios.

Oh!, que sublime delícia!, ela começou a roçar sobre os meus colhões e sobre toda a minha porra os alvos e aveludados peitos, mais doces que o néctar dos deuses, e eu, para demorar mais tempo o prazer, não fiz o mínimo esforço; deixei-a roçar em todo o comprimento do caralho arreitado e soluçante, naquele delicioso atrito das mamas, e vim-me no rego dos seios, ficando ela sobre mim desmaiada, num longo e último gemido.

Terceira Noite

Passeávamos ao longo de um rio suavemente orlado de álamos, em noite calma e transparente de Agosto. A lua iluminava a paisagem com todo o esplendor da sua plena irradiação.

Eu enlaçava o meu braço no pescoço de Júlia, e contava os beijos que lhe dava pelas estrelas do céu azul e cristalino. Gemiam com as auras do arvoredo os desejos íntimos do nosso amor.

A natureza tinha esse longo silêncio profundo dos campos, que nada interrompe, na solidão harmoniosa da noite de estio, quente e perfumada.

Respirava-se uma luxúria imensa em todo o ambiente voluptuoso, que se desentranhava em cálidos vapores embalsamados, das várzeas e colinas, das águas, do céu azul e recamado de estrelas, dos raios prateados da lua, da grande formosura universal. Mas sobre tudo isto, e mais que tudo isto, o lindo rosto de Júlia, o seu colo redondo e protuberante, as suas mãos níveas e pequenas que apertavam as minhas com o franco ardor da mocidade, concentravam toda a minha atenção e aqueciam de um modo indefinível todos os meus desejos.

Chegámos a uma sinuosidade do rio onde a relva verdejante e o dossel do arvoredo propiciavam um momento de repouso e de conchego íntimo. Sentámo-nos na relva. Os beijos cada vez mais repetidos inflamavam a ideia do gozo.

Desapertei-lhe o corpete do vestido. Os seios nus, banhados pela claridade do luar, tinham a deslumbração dos grandes lagos cristalinos, onde se reflectem os jorros da luz sidérea. Os cabelos negros e ondeantes, soltos e amimados pelas minhas mãos lascivas, eram serpentes a enroscar-me no abismo profundo da luxúria. Ergui-lhe a saia do vestido, apalpei-lhe as coxas redondas e macias, deitei-a de todo sobre a relva, e, à luz maviosa da lua, o seu cono tinha mil encantos desconhecidos e misteriosos.

Mas... oh!, poder da fantasia!, quis vê-la de bruços à luz do luar e das estrelas. Voltei-a; e as nádegas do seu cu eram mais redondas e mais brancas ainda do que a lua.

A porra, fumegante, introduziu-se no meio daqueles dois mundos do amor e apenas profundou no centro, tal era o meu entusiasmo, inundou-o do licor da vida enquanto as minhas mãos lhe comprimiam o cono sequioso.

Depois assentei-a na relva. Estava muito pálida. Olhava-me com os olhos húmidos de ansiosa voluptuosidade. Não tinha sentido perfeitamente o prazer divino.

Apertava-me entre as suas mãos ambas a porra palpitante. Beijava-a, ainda orvalhada no néctar do amor, e queria sorvê-la. De novo se arreitou com as suas doces carícias, e tendo pena de Júlia, que suspirava e gemia pelo prazer da foda, deitei-a de costas, introduzi-lhe o caralho no seu cono, de uma vez, com um furor enorme.

Que suspiros! Que gemidos! Que delícias!

A lua cobria-nos com o seu manto arminhado, as estrelas sorriam-nos, as árvores murmuravam os mais ternos carmes da volúpia, o rio sussurrava harmonias de amor, e esta foda, que durou seguramente cinco minutos, foi a melhor e a mais delirante que tenho dado em toda a minha vida.

! ! !

É grande putanheiro o meu caralho!
Quando o cono lhe lembra, entesa logo;
E só encontra o bruto desafogo
Da bruta foda no bruto trabalho!

Tento embalde afogar a sede ao malho
Tento em vão afogar — jamais lha afogo;
E embalde muita vez lhe ralho e rogo
Que são debalde sempre o rogo e ralho!

— Oh! dá-me uma mulher, embora couro! —
Ardendo em luxos o brejeiro diz,
Dando fortes marradas como um touro.

O corpo busco então de uma infeliz,
E a troco de um tostão, meu tesouro,
Lhe fodo o cono, as pernas e o nariz!

QUAL É MAIS PUTA?

F... casara havia pouco tempo com uma mulher encantadora. Não obstante estar ainda na lua-de-mel não pôde resistir aos atractivos de uma das criadas, rapariga esperta e ladina, cujos olhos brilhavam de luxúria e sensualidade.

Apanhou-a a jeito uma vez e saciou os desejos que o devoravam. A rapariga gostou, já se vê. Ele também, e queria mais.

— Nunca senti um prazer assim, filha. A senhora, comparada contigo, nada vale. Quanto melhor não é foder-te que a ela!

— Esquisita comparação? Já três me têm dito o mesmo!

CARA PÍVIA!

Com porcas, sujas cartas joga a bisca
Sobre imundo balcão d'imunda tasca,
Um tal Netto — dizê-lo causa asca! —
Com dois fadistas e uma puta pisca.

Puta entendida no jogar da lasca,
Pra quem doze vinténs são bela isca,
Que, como um homem co'os marujos risca,
E que, como os marujos, fuma e masca!

Come-lhe o Netto disfarçada rosca,
De uma fusca lanterna à luz mais fusca!
Mas um dos fadistões a coisa mosca.

Um bom cacete *in continenti* busca,
Outro uma tranca de madeira tosca,
E é tosado o pateta e a patusca.

UMA RIMA DIFÍCIL

Pediram a um poeta que escrevesse uns versos num álbum, ao que ele anuiu da melhor vontade.

Quando a composição ia em meio, porém, descuidou-se e... e deu um estrondoso peido. Para disfarçar fez como tem feito muita gente, começou a arrastar a cadeira de forma que produzisse um som idêntico.

— O que tem ele, que não está quieto um instante —, perguntou uma senhora que só atentara na segunda parte da comédia.

— Ora — respondeu a dona da casa que tivera a desgraça de também ouvir o peido, — está procurando rima para um verso agudo.

O PORRODONTE

(Animal pré-histórico)

Nos tempos dos mastodontes e dos plesiosauros o homem e a mulher não tinham as acanhadas proporções que hoje têm. Eram dotados de outra porra, outro cono e outro tesão. O caralho não era, como o de agora, um assobio, era um trombone; a greta não era greta mas gruta onde se aninhava o bicho pré-histórico que então havia nome de *porrodonte;* o tesão… oh!, o tesão, leitor amigo, de um tesão daqueles tempos é que nós precisávamos; afianço-te que com uma prenda assim todas as nossas contemporâneas andariam presas da ponta do nosso caralho! Mas, perguntarás talvez, leitor amigo, como é que este obscuro escritor conhece tanto a fundo os membros arqueológicos dos nossos remotos e potentes antepassados? Como é possível isso, acrescentarás talvez, pois que existindo um museu paleontológico nas ruínas do Carmo, se não encontre lá unha, pêlo, escama, garra ou dente do *porrodonte*, o mais pequeno resto porradontológico, o mais tenuíssimo vestígio de uma greta pré-histórica, o mais singelo e primitivo monumento que ateste de modo eloquente a validez assombrosa do tesão dos nossos maiores?!

É porque, leitor estimado, aquilo é um museu público, e há certas preciosidades que só se guardam em família. Se tens um bom traste, leitor, não o trates mal, não o desperdices, não o dês a ninguém, nem mesmo a mim; guarda-o, leitor, faz dele o ídolo do teu lar, o enlevo dos que te são caros, deposita-o no seio da família!

Foi em casa de um amigo, cidadão excelente, pai respeitável, esposo modelo, que vi os monumentos porrodontológicos que acompanham este artigo. Um gravador de sublime potência os gravou, um desenhador que lhe não vai atrás, quero dizer, que lhe não fica atrás, os desenhou.

Um dos monumentos representa uma paisagem pré-histórica, produção de um pintor realista, de um Courbet daqueles tempos. O outro é devido a um pincel fantasista daquelas eras.

Quanto ao desenho da fera observa-se-lhe riqueza de imaginação nos acessórios. É da escola idealista. Abstraindo porém dos acessórios, temos o *porrodonte* tal qual era, com as suas respeitáveis proporções, a sua façanhuda perspectiva, a sua prometedora pujança. É de arregalar o olho e escachar a greta da dama mais exigente.

Ah!, leitor, já que não tens a dita de beijar um dos originais, beija ao menos a imagem de uma das porras colossais de onde descendemos.

E se de tanto fores capaz na tua veneração e no teu entusiasmo, recorta-a da folha deste almanaque, mete-a num saquinho, pendura-o ao peito, e na hora das tuas angústias agarra-te a ela.

UMA RAZÃO

Casara certo indivíduo, cego de um olho, com uma guapa rapariga, que julgava honrada, mas que infelizmente — para ele — já não tinha os *três vinténs.*

Resultou de tal descoberta acalorada discussão, e a moça, não podendo ocultar a perda, disse-lhe por fim:

— Parece-te que, apesar de semelhante falta, valho menos que tu, com um olho de menos?

— Mas este defeito foi resultado por uma queda, quando era pequeno...

— E o meu por uma foda, quando já era crescida...

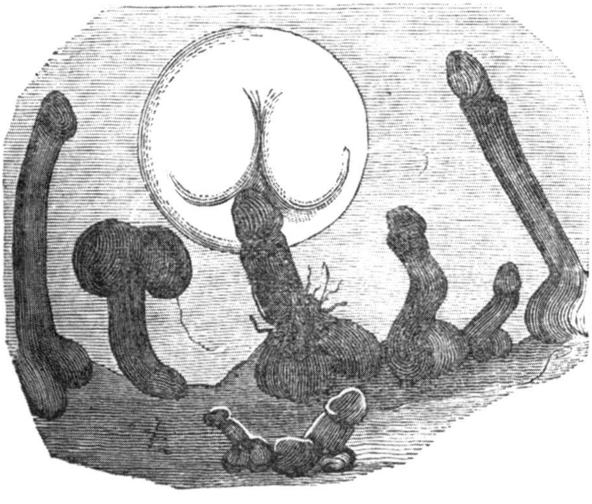

Apoteose do ânus.

BOM EMPREGO DE CAPITAL

— Não sabe, comadre, saiu-me a sorte grande.

— Ora essa, compadre, dou-lhe os parabéns. Mas, diga cá, em que tenciona empregar agora o dinheiro?

— Boa pergunta, vou comprar umas casitas!

— Compre bens móveis.

— Móveis?...

— Sim, móveis. Não há nada melhor. A comadre que diga quanto lhe rende uma cama que apenas lhe custou duas moedas!

A FLOR DE LARANJEIRA

Quis casar José dos Reis
Mas gentinha que murmura
Põe-se a dizer que a futura
Se viera já com seis.

Zé Gaudêncio diz à noiva,
Horas antes do consórcio,
Que as vizinhas contam dela,
Casos próprios pra divórcio...

— Ó meu filho, diz a mãe,
Dá ouvidos à má-língua!
Esta jovem tem apenas,
Entre as pernas uma íngua.

A PRIMEIRA ENTREVISTA

Heloísa era uma rapariguinha alta, magra, franzina, flexível. Tinha uma palidez lúbrica nas faces, umas olheiras negras e elegantes que vinham das noites passadas em lascívia solitária num leito virgem para ela, povoado de imagens obscenas, uns lábios esbranquiçados, sangue que se converte em leite, rosas tornadas em lírios pelos longos beijos lascivos dados em retratos dos namorados robustos e pelas carícias voluptuosas com que enchia as amigas do colégio que às vezes iam passar dias a sua casa.

Quando falava aos rapazes seus conhecidos, apertava-lhes demoradamente a mão; em S. Carlos devorava com o olhar as cortesãs elegantes que nas cadeiras têm conversas alegres com os jornalistas; beijava nos ombros nus e quentes as raparigas decotadas com quem tinha intimidade, e depois, à noite, quando sentia oscular-lhe as coxas e o ventre o lençol frio, tinha espasmos nervosos, apertava convulsivamente os seios microscópicos, que começavam a desabrochar, com a mão trémula pela voluptuosidade, enquanto a outra percorria com ondulações caprichosas, debaixo da roupa, as coxas quentes, os cabelos crispados, e os lábios vermelhos e grossos que se dilatavam nas suaves agonias do prazer. Depois, os olhos semicerrados fechavam-se num sonho lânguido, apertava de encontro ao seio palpitante os cobertores macios como se fossem o dorso de um homem robusto e sentia-se esvair docemente como um vidro de essências que se entorna.

Uma noite encontrei-a num baile. Estava toda vestida de branco, e a alvura doentia dos seus membros delgados e dos seus braços finos era ainda mais clara do que a gaze transparente de onde saíam. Fui valsar com ela. Enquanto voávamos nos giros caprichosos da dança, os seus cabelos de um louro queimado roçavam-me pelas faces. Os membros nus e luzidios desafiavam os beijos, e os olhos escuros de Heloísa encontravam-se de vez em quando com os meus, pedindo-lhes num olhar lascivo os ternos segredos do amor. De uma vez os meus lábios beijaram-lhe o cabelo. Ela curvou-se para mim e o seu hálito osculou-me as faces. Estreitei-a fortemente ao peito, e ela respondeu-me com um violento aperto de mão, da sua mão comprida e delgada calçada por uma luva de treze botões.

Estava-se na Primavera, as noites eram quentes e límpidas. As salas abriam para os jardins cheios de balões venezianos e de um luar branco e tépido. Fui com ela para o jardim. As ruas eram compridas e acidentadas, as árvores frondosas marcavam gigantes sombras

Enquanto a outra mão percorria com ondulações trémulas...

e negras no chão. Aqui e ali passeavam pelo braço dos seus cavalheiros de casaca irrepreensível as damas decotadas.

Eu fui com Heloísa para uma das ruas mais compridas e solitárias.

O luar estava esplêndido; nós saímos silenciosos e ela de vez em quando encostava languidamente a cabeça ao meu ombro. Pouco a pouco fui com a mão direita desabotoando a longa luva que cobria até ao cotovelo o braço delicioso que se apoiava no meu braço esquerdo.

Ela deixava-me desabotoar, sorrindo. Ficou nua a mão. Era um encanto aquela mãozinha. Tinha a cor lívida do nenúfar e as unhas o escarlate dos cactos. Era um poema em cinco cantos. Cada dedo era uma epopeia de beleza. Schleringer, o pintor das mãos, ficaria maravilhado se a visse.

Estava fria e trémula.

Apertei-a na minha, aqueci-a brandamente, e depois, sempre andando, levei-a aos lábios.

Demorei muito o beijo: parecia que queria devorar aquela mãozinha que era tão branca como o luar que nos alumiava.

Ela sorria e não dizia nada.

Da mão passei ao cabelo. Ela estremeceu e parou. Parei também procurando com a minha a sua boca, que não fugia, e dei-lhe em seguida um beijo, longo, húmido, ardente.

— O que faz? — perguntou-me Heloísa com voz sufocada.

— Adoro-te! — murmurei eu, apertando-a brandamente contra mim, e sentindo os meus dentes roçarem nos seus, enquanto a minha língua, seca e palpitante, encontrava, querendo fugir mas não podendo, a sua língua molhada, trémula, inquieta.

Estivemos assim uns segundos. Ela parecia que ia a desmaiar.

Fugi dos braços ao seio. Cobri de beijos o colo, os ombros frios pela noite e pela comoção, e mordi febrilmente os seios pequeníssimos que quase saíam fora do decote.

Ela encostara-se a mim, e eu sentia no meu pescoço os seus dentes afiados e a sua língua inquieta.

Na sala tocava o Macário uma contradança e os pares caminhavam e saudavam-se gravemente.

Peguei naquela mão, cuja luva eu descalçara, e levei-a insensivelmente às minhas calças.

A mão fugiu assustada do pano macio da casimira.

Depois aproximou-se outra vez.

Eu dirigi-a e ela obedeceu-me, e logo agarrou-se doidamente ao forte volume que parecia querer romper o pano. Apertou, apertou convulsivamente enquanto a sua boca me mordia desvairada.

Curvei-me num segundo e a minha mão meteu-se-lhe por debaixo das saias. Ela curvou-se também, suspirando molemente.

— Não, não, isso não.

Mas não pôde nem quis impedir-me. As meias de seda branca alvejavam ao luar. As saias finas erguiam-se sobre elas em pregas cheias de encanto. As ligas prateadas cintilavam acima do joelho e via a coxa, direita, magra, mas graciosa, agitando-se convulsivamente. A minha mão passeava prenhe de luxúria por aqueles sítios virginais de onde vinha um cheiro acre de envolta em ondas de aroma fino. Ela desfalecia, mas a outra sua mão apertava cada vez com mais força as minhas calças pretas que tinham a rigidez do aço.

Desabotoei-me. Ela deu um grito abafado, e a mão correu ao encontro do que saía. A lua ia correndo para o ocaso. Heloísa, apesar disso, aproveitou os seus últimos raios para ver pela primeira vez aquilo que sentia pulsar na mão e que há muito agitava os seus sonhos de donzela.

A sua boca voou à minha. A língua invadiu-me como uma torrente de luxúria. A minha mão trémula esvoaçava sob as suas saias de renda, e senti um dedo submergir-se numa coisa quente, estreita, molhada.

A mão dela, agarrando sempre furiosamente aquilo que nunca mais largara, agitava-se em movimentos rápidos, incertos, caprichosos. O meu dedo participava desse movimento febrilmente agitado. Estávamos ambos quase desmaiados. Nesse momento a lua foi-se por entre nuvens e nós fizemos exactamente o contrário por sobre aquela rua que ela há segundos enchia com o seu pálido clarão.

A minha mão trémula esvoaçava...

AO AUTOR DA PRIMEIRA ENTREVISTA

A tua *Primeira Entrevista*
Teve um estranho condão!
A meio falhou-me a vista
E por fim fez-me tesão.

Vê tu lá quanto poder
Tem a humana natura!
O que não tenho a foder
Tive-o co'a tua pintura.

O PAUZINHO EXPLORADOR

Expedição geográfica às bordas do lago Conaça.

A NOVA ESCOLA

Fui um dia encontrá-la reclinada
Na sua *chaise longue* tão macia,
Em camisa, alva meia, bem calçada,
Braços nus sobre o seio que estremecia.

Beijei-a e ajoelhei-me — ela sorria;
Apertei-lhe a perninha torneada.
E vendo que corava e elanguescia
Levantei-lhe a camisa perfumada.

Eu tinha a porra dura qual *porrete.*
Eu já lera um romance muito em moda,
Cujo autor lambe só, e *já* não mete;

Insensato desejo me acomete,
Esqueço a foda, a boa, a antiga foda,
E fiz a vez primeira uma minete.

DOIS MARUJOS INGLESES

I say come on!

CALEMBOURG

Certo súcio, amanuense, fazia-se fino com a amiga do seu chefe e tratava por todos os meios de lhe fazer a boca doce para a levar ao bom caminho...

Requestos, finezas, promessas, tudo pusera em acção. Por último, ouvindo-a dizer que gostava muito de ameixas doces, aguardou o dia dos seus anos e ofereceu-lhe uma elegante caixinha delas.

A tal menina era pássaro bisnau. Percebeu a intenção e disse ao papalvo, com um sorriso de ironia que o deixou com a cara à banda:

— Olhe, sr. F., eu de ameixas gosto muito, mas não *em caixa*...

MAIS UM CORNO

Era uma vez uma porra grande, medonhamente grande, espantosamente grande, uma porra que, descontando-lhe a cabeça, ia ainda muito além do *palmo e terça* da bitola popular. Pois bem. A porra em questão sentiu-se um dia impressionadíssima por um cono casado. Mas que tentador cono era este! Que apetecível racha! Que atraente parrameiro! Denso e negrejante pentelho forrava-lhe em volta um pequeno Bussaco! A nossa porra — a porra de que vamos falando —, ao entrevê-lo, dava urros nos calções do seu possuidor — do possuidor da porra, está claro. Pela sua parte, o cono não era absolutamente estranho às manifestações *inter-braguilha* da sua conquistadora. Cumpre registar que a porra era também casada. Por detrás da porra estalava de ciúme uma mulher. Por detrás do cono ralava-se e arrepelava-se um homem.

Duraram três meses os mútuos requebros. Três meses de tesão mal sofreado! Três meses de ânsias cruciantes! Noventa e tantos dias de martírio indizível, tremendo, espantoso. É muito para uma porra sequiosa; uma porra de vinte anos! É demais para um cono de aspirações desmedidas e que não restringe as suas exigências à *prata de casa*! Estava escrito que se haviam de foder, e foderam-se. Vieram à fala e desta fala resultou virem-se.

E vieram-se descomunalmente. Deram-se em duas horas sete fodas. O *néctar que mesmo Cupido fora por bebê-lo ambicioso* extravasava-se nos lençóis e derramava no ambiente o cheiro acre do tremoço remolhado. Era uma coisa medonha, inexprimível, infernal. O cono ficou inchado. A porra ficou exausta.

....

No dia imediato, transpirava o acontecimento, e umas vizinhas, que não tinham papas na língua, comentavam o caso, e apimentavam-no, tirando uma conclusão que o leitor, desde o começo desta baboseira, já tirou: fizera-se mais um corno.

O FURA VIRGOS

Aviso às donzelas: este insecto só é perigoso entre bimbas.

A PATRULHA

Dois valentes *mancipais*
Do regimento da porra
Patrulhavam certa noite
Com descanso e com pachorra.

Nisto ouvem-se clamores
De vozes muito aflitas
Que gritavam «ó da guarda!
Acudam aqui seus guitas!»

Correm logo os dois caralhos
Com as baionetas caladas;
E encontram duas conas
Com as cricas esmurradas.

— Que é isto aqui, suas porcas?
Porque é tão grande bulha?
Grita o caralho mais velho
Arvorado da patrulha.

— Eu lhe conto, meu senhor,
Diz a cona mais possante,
Foi esta crica de merda
Que me roubou o amante.

— Ah! percebo, volve o guita,
Que era entendido na poda;
Eu já vejo que a chicana,
Foi por questão duma foda.

Tens mesmo escrito na cara
Que gostas de bons caralhos,
Ó setenta leva-a presa
E faz-lhe a cona em frangalhos.

EPISÓDIOS DE UM BAILE

I

Era nas proximidades do Carnaval, e os bailes de máscaras sucediam-se vertiginosamente.

A condessinha de *** não faltava a nenhum, semeando intrigas amorosas para colher os melhores pomos do fruto proibido.

A condessa era de uma elegância e de uma distinção eminentemente aristocráticas. Num desses bailes, em Janeiro de 187... trajava de amazona. O farto vestido de veludo preto ondeava-lhe em curvas de voluptuosa harmonia, deixando saliente o colo magnífico, as redondas nádegas, e a linha maviosa da perna escultural. A formosa cabeça, coroada de longos cabelos negros e flutuantes, destacava-se airosamente sob o chapéu alto e gracioso.

Quando entrou na sala do baile suspendeu a todos em arrebatada admiração. Um mancebo assazmente conhecido pelas suas orgias e dissipações, mas em todo o vigor ainda da sua mocidade, foi-lhe ao encontro.

— Formosa máscara — disse ele, — peço-te que dances comigo a primeira valsa.

— Não posso — respondeu a amazona, — reprimindo um suspiro; não mo permite este vestido, nem eu gosto de dançar.

— Então, pelo menos, hás-de dar-me o prazer de cear logo na minha companhia.

— Talvez — murmurou a elegante senhora.

O mancebo pulou de contentamento.

Saía-lhe a aventura muito mais fácil do que imaginava.

Terminado o baile, foram ambos para o restaurante.

— É um D. Juan, afortunado como ninguém — segredavam todos.

À mesa do gabinete reservado, junto da qual se sentaram ambos, o mancebo, aceso em esperanças, instou com a sua companheira para que tirasse a máscara.

— Jurei a meu marido — disse ela, — que não a tiraria senão ao transpor o limiar do meu quarto.

— Juramento infantil, minha senhora — disse o rapaz sorrindo. — Seu marido não poderá nunca adivinhar se v. ex.ª perjurou.

— Não importa, eu guardo sempre as minhas promessas, ainda as mais pueris.

E por mais que o mancebo pedisse, suplicasse, e até inventasse ameaças, a condessa foi inflexível.

— Mas, minha querida senhora — instava ele, — isto é um suplício. Vejo que v. ex.ª é formosa, como os anjos, e há-de ocultar-me o seu rosto nessa máscara cruel!

A condessa não respondeu.

— Enfim, para que prometeu cear na minha companhia? — acudiu o mancebo, desesperado.

— Porque queria levá-lo comigo a minha casa.

— Mas a sua casa está longe talvez, minha senhora, e eu ardo em amor.

— Vamos na minha carruagem.

— Seja — disse o rapaz arrebatado pelas delícias daquele *tête-à-tête*; — partamos.

E partiram.

II

A condessa segredou uma ordem ao cocheiro.

Os cavalos foram a passo.

Dentro do coupé a condessa passou o braço pelo pescoço do mancebo, e reclinou no seu ombro a gentil cabeça descoberta.

O rapaz beijou-a nos lábios, desabotoou os botões do longo vestido de amazona, desde a altura dos seios até abaixo da cintura.

As mãos sôfregas começaram a tactear-lhe todos os encantos, desde os peitos alvos de neve, e redondos como os pomos dos jardins das Hespérides, até ao ventre liso e terso, e o eléctrico e dulcíssimo pentelho.

A porra dava-lhe urros dentro das calças, mas a mãozinha branca da condessa, apalpando-a por fora, e sentindo-lhe a grossura e a escandecência, tirou-a do seu invólucro e, curvando-se um pouco, beijou-a.

Depois, ergueu-se do seu lugar, e cravou-se nela. Os beijos e os gemidos eram abafados pelo rodar da carruagem e pelo trote dos cavalos no lajedo das ruas.

A condessa foi assim espetada, saboreando as delícias de uma foda contínua até ao limiar do seu palácio.

Aí abotoou o vestido de amazona, pôs o chapéu sobre os longos cabelos soltos, afivelou a pequena máscara de veludo e desceu da carruagem.

O mancebo acompanhou-a.

— Mas teu marido? — perguntou-lhe ao ouvido.

— Não tenho marido, sou viúva, meu filho. Anda.

Entraram numa vasta sala cheia de luz. Apareceu logo uma rapariga loira, de pouco mais de quinze anos, vestida apenas com um longo penteador branco, os pés nus em sandálias de cetim, o longo cabelo anelado solto em espirais flutuantes, os braços seminus, redondos e alvos como o jaspe, o seio mimosíssimo na rápida curva sensual das pomas, que principiavam a desabrochar como as rosas, os lábios, na pequena radiação da boca, frescos e viçosos, os olhos azuis como o céu, e um sorriso de provocante voluptuosidade, que lhe dava ao ar do seu rosto, de um oval luminoso e formosíssimo, todos os encantos do amor.

A condessa foi-lhe ao encontro e beijou-a; mas demorou tanto o beijo, que o mancebo, irritado, separou-as.

Ela começou a despir a condessa.

Então é que os seus mais escondidos mistérios de formosura e voluptuosidade realçaram à luz esplêndida da sala, diante dos olhos deslumbrados do mancebo.

Com um certo pudor adorável, quando a donzela ia a tirar-lhe a última saia, beijou-a de novo nos olhos e nos lábios, e disse-lhe num encantador sorriso:

— Vamos para o quarto.

E ambas, abraçadas, saíram do salão.

O mancebo seguiu-as alucinado.

No quarto de dormir da condessa havia todos os primores da riqueza e do luxo, e todos os mais delicados caprichos da fantasia feminina.

Estátuas de pórfido, desenhando e avultando os mais raros prodígios da beleza das formas nuas, em grupos lascivos; quadros de variadas combinações de cor e de luz nas posições luxuriosas; cópias fotográficas dos baixos-relevos do museu de Nápoles e uma atmosfera rescendente de volúpia atesoariam a mais fria carne de um velho, quanto mais o porripotente moço, que ardia em labaredas de amor.

A condessa recostou-se no leito, sempre abraçada à sua formosa aia.

Despiram-se ambas de todo, no meio de muitos beijos lascivos. Ficaram nuas. Deitaram-se sobre a coberta de seda azul da cama esplêndida. As suas formas, de uma pureza ideal, destacavam-se admiravelmente na tela da lubricidade, quando começaram a beijar o cono uma à outra, num delírio impossível de descrever. A condessa tinha a ninfomania (furor uterino) e era insaciável na satisfação dos desejos sensuais.

O mancebo despiu-se também, e, completamente nu, atacou as nádegas da donzela, que estava por cima da condessa, de maneira que ao mesmo tempo fodia por trás a formosa rapariga e roçava com os colhões nos lábios da condessa, que os lambia com prazer imenso, porque sentia a língua da sua aia a fazer-lhe as mais doces titilações no cono.

O mancebo, quando contava este episódio de um baile, dizia que ainda que vivesse mil anos, nunca sentiria um delírio de luxúria como aquele, porque, quando se veio deste modo, ficou desmaiado, e acordou no dia seguinte entre as duas formosas mulheres, com a porra ainda dentro do cono da aia da condessa, e os colhões ainda entre as mãos da lúbrica fidalga.

O SABÃO VEGETAL

Dizia um doutor do Porto
Que a melhor coisa que havia
Para não ser galicado,
Era molhar n'água fria
O seu sabão vegetal,
Untar a porra com ele
Antes de *coisas* e *tal*...
Mas eu cá tenho razão,
E não julguem que isto é peta,
De tratar-me mais à moda:
Pois quando tenho tesão,
Como sempre uma punheta
Não me importando co'a foda.

ENIGMA PITORESCO

BOUQUET MODELO

Muito próprio para bailes campestres. (N. B. Pode também servir para presente de anos a uma senhora, mas neste caso deve ir acompanhado da seguinte poesia):

Of'reço a vossa excelência,
Que linda e bondosa é,
Em dia de tanta festa,
Este pequeno *bouquet.*

E de tanta flor escolha
A mais bonita e viçosa,
Ou então com elas todas
Console a crica mimosa.

CLASSIFICAÇÃO DO MARIDO

Há três espécies: varão, varela e varunca.

Marido varão: Governa ele e ela não. É o sistema absoluto da família. Obedece a cona, impera o colhão. Marido varão só pode ser o que tiver tesão perene ou colhão negro.

Marido varela: Governa ele e mais ela. É o sistema representativo. Embrulhada constante. Dize tu direi eu. Nestas condições põe-se a mulher umas vezes por baixo outras por cima, e o marido, por conseguinte, fode umas vezes e é fodido outras. Este sistema tem o inconveniente da oposição dos governos representativos. A mulher, cônscia da sua importância, faz-se fina e esquiva-se aos luxos da foda moderna.

Marido varunca: Governa ela sempre e ele nunca. É o socialismo na família. Abolido o direito de propriedade e condenada a capitalização. O marido não é dono da cona de sua mulher. Esta, levada dos princípios extremos, fode com o primo, com o vizinho, com o amigo do seu marido e até com o moço de recados. O marido, esse, fode-se!

QUATRO TIPOS

O Inválido
Pauzinho em más
circunstâncias.

Pauzinho Bombeiro
Quantas lhe não invejam
a agulheta!

Pauzinho *faia*,
e o inseparável totó.

Pauzinho *petit crévé*.

LITERATURA DO FUTURO

REVELAÇÕES

Primeira Parte

I

Tinha eu então catorze anos.

Educada pela avozinha numa pequena aldeia do Minho, de onde nunca saíra, serviam-me de distracção habitual os longos passeios pelas sombras silenciosas do arvoredo copado. Amava a solidão por instinto, e às vezes, quebrada de fadiga, ia sentar-me nos sítios mais aprazíveis, ficando horas e horas entregue a doce e profundo cismar.

Era ela quem, muitas vezes, cuidadosa por tão longas ausências, vinha despertar-me. A pobre velha queria-me com verdadeiro afecto de mãe e mal disfarçava muitas vezes os receios sugeridos pela larga tristeza que observava em mim.

Eu própria não saberia explicar a causa dela. Não estava doente, com certeza. Sentia, porém, que o sangue me escaldava as veias. O coração batia-me apressado, tinha deslumbramentos. Outras vezes, contudo, invadia-me o corpo uma languidez indefinível e sentia necessidade de espreguiçar-me.

De noite, principalmente, é que estas sensações se tornavam mais intensas. Tinha sonhos que a minha imaginação infantil mal definia.

Julgava, por exemplo, que me apertavam uns braços musculosos; sentia, contra o meu, o contacto doutro corpo quente, suavemente macio; afagava-me as faces o brando roçar de uns lábios amorosamente ternos.

Eu, porém, mais gozava que sofria. Sentia mesmo prazer em prolongar, quanto possível, aquele estado de excitação.

Uma vez foi tão forte a sensação, que cheguei a desmaiar completamente. Quando acordei de longo letargo, senti-me aliviada. Dir-se-ia que a natureza expulsara do meu ser parte do sangue que me abrasava.

II

A avozinha, no dia seguinte quando deu com os olhos em mim, ficou deveras atemorizada. Ao ver-me as olheiras muito fundas, pôs-se a imaginar não sei quantas doenças. Dirigia-me mil perguntas, a que eu respondia com outras tantas evasivas. Envergonhei-me de lhe contar a causa da tristeza que se me reflectia no semblante.

Ela, coitada, naquela mesma tarde, depois de largo conselho com algumas vizinhas, resolveu-se a mandar-me para casa de uma tia que residia no Porto.

— O viver algum tempo naquela cidade há-de distraí-la decerto. Coitada, nunca saiu daqui e esta solidão aborrece-a. Verás como gostas, acrescentou voltando-se para mim. Não há nada mais divertido nem que mais instrua que uma viagem, por pequena que seja.

— A menina efectivamente precisa de mudar de ares — acrescentou uma vizinha, que era tida nos arredores por mulher de muito saber. — Volta-lhe aí sã como um pêro. Quinze dias no Porto, e basta para curá-la.

Dito e feito. Começaram logo os preparativos para a jornada. Eu estava contentíssima. Ia ver a cidade cujas maravilhas tão apregoadas eram. O Palácio de Cristal, a ponte, a Torre dos Clérigos, uma infinidade de coisas surpreendentes! Naquele dia nem me lembraram os passeios pelo campo, entregue como estava ao cuidado de ajudar as criadas a meter num baú a roupa que devia levar comigo.

Uma dificuldade, porém, se opunha à minha partida imediata.

A avó não podia acompanhar-me, apesar de não ser muito longa a viagem. Não lhe permitiria decerto a idade arcar com o incómodo de algumas horas de diligência e eu não havia de ir só ou acompanhada por um criado.

— Nem pensar em tal — dizia minha avó, — confiar a guarda de Mariquinhas a um labrego!

— Também — replicou a vizinha, — que havia de acontecer-lhe?

— Bem sei, sim, mas não era bonito. E depois está o mundo tão perdido que poucos respeitam já a inocência.

Não pude compreender esta última observação. Felizmente, uma circunstância com a qual ninguém contara veio cortar a dificuldade. O cura recebeu naquele mesmo dia uma carta que o chamava ao Porto para negócio urgente. Foi ele o escolhido para me acompanhar. Era um bom homem, virtuoso, já velho e que soubera tornar-se credor da simpatia de todos. Respeitavam-no muito, e minha avó não duvidou confiar-me à sua guarda. Partiria pois na companhia dele.

III

A diligência devia passar na estrada às quatro horas da tarde. Fomos esperá-la, acompanhados pela avozinha e pelas pessoas mais íntimas e, pouco depois, ouviu-se ao longe o chocalhar alegre dos guizos das muares, avisando-nos de que era chegado o momento da partida. Confesso que as lágrimas, da minha parte, não foram abundantes, apesar de me custar bastante deixar aquela que me servia de mãe carinhosa. As alegrias da viagem distraíam-me das saudades da separação.

Na diligência, dentro, havia apenas dois lugares. Cederam-nos atenciosamente os da frente, ao cura e a mim. Os quatro restantes estavam ocupados por um espanhol, um negociante de vinhos, uma velha e um rapazote de belíssima aparência e ares distintos. Era, como soube mais tarde, estudante, e seguia o curso de medicina na universidade.

Chamava-se Artur.

Adoecera, contudo, por ocasião da matrícula, o que o obrigara a interromper temporariamente os estudos. Achava-se então residindo no Porto, em companhia do pai, e voltava de uma pequena digressão pela província do Minho.

O negociante de vinhos e o espanhol iam sentados nos dois lugares da direita. A velha no primeiro da esquerda, junto da porta da diligência, e o estudante ao lado.

O padre era conhecido do mercador de vinhos e escolheu lugar ao lado dele para que mais facilmente pudesse tomar parte do cavaco. Pertenceu-me por conseguinte ficar junto do estudante.

Este, desde que eu entrara, não perdia ensejo de olhar-me. Inventava mesmo mil pretextos para poder fazê-lo sem que fosse notado. Voltava-se umas vezes para ver um pastor que passava, outras para fechar e abrir as cortinas do carro, como se o calor o incomodasse ou o pouco ar o afligisse. Quem mais sofria com isto era a velha que, de uma vez, não pôde conter-se sem murmurar:

— O rapaz tem bicho-carpinteiro!

No começo baixava os olhos, fugindo de encontrá-los com os dele. Quando tinha a certeza, porém, de que não era observada, não deixava de o contemplar. Aprazia-me em admirar-lhe os cabelos ondeados, louros, lindíssimos, em afagar-lhe com a vista o buço que mal despontava.

Talvez ele percebesse isso mesmo, porque certa vez voltou-se rapidamente sem me dar tempo a disfarçar. Os nossos olhares cruzaram-se pois. Os dele eram ardentes, profundos. Subiu-me às faces desusado calor. Não arredei, porém, a vista. Sentia-me como que fascinada, atraída.

Artur, a quem certamente não passara desapercebida a minha comoção, voltou-se mais amiudadamente não obstante os protestos da velha. Eu já não afastava a vista; procurava até a dele.

O cura entretanto ia conversando com o mercador de vinhos e com o espanhol acerca dos recentes sucessos de Espanha. E tão entretidos iam todos que não deram sequer pelos olhares que frequentemente trocávamos.

IV

Aproximava-se a noite. Como se tornara a viração mais fresca, o espanhol desembrulhou o cobertor de viagem e o mercador de vinhos fez outro tanto pouco depois. Não tardámos eu e o cura em imitá-los. Por fim Artur seguiu-lhes o exemplo e a velha puxou a manta para a cabeça e procurou posição cómoda para dormir.

Estes preparativos puseram termo à conversação, com imensa mágoa da minha parte. O cura voltara-se para mim e não fazia senão recomendar-me que me abafasse bem e tivesse cuidado com as constipações. O estudante, por conseguinte, teve de parar com as olhadelas, receando ser notado.

Chegou até a fechar os olhos, e julguei que adormecera.

Imaginem o meu desespero!

Pareceu-me pouco atencioso aquele ataque de sono. Se a nossa muda correspondência lhe havia causado tanto prazer como me causara a mim, porque não procurava novos pretextos? Cheguei a ter vontade de lhe puxar por um braço, de o despertar, fosse como fosse, tal era o meu despeito.

Odiava-o.

Por fim, pus-me a olhar enraivecida para a estrada, pensando não sei em quê. Na avozinha que deixara debulhada em lágrimas? Decerto não. Na casa em que eu nascera e onde passara a infância? Ainda menos.

V

Escureceu completamente. O postilhão fez parar o carro a fim de acender as lanternas, cujos vidros, sujos e embaciados, mal deixavam passar a luz.

O padre começou então a dormitar e o resto dos passageiros fez o mesmo.

O estudante, pelo contrário, parecia que havia acordado.

Voltara um pouco o corpo de forma que os seus joelhos tocavam os meus.

Despeitada ainda, afastei-me.

Ele chegou-se mais.

Reparei então que conservava os olhos fechados, como se estivesse dormindo.

O pretendido sono, por conseguinte, era apenas disfarce para enganar quem pretendesse observá-lo.

Louvei-lhe intimamente a discrição e, por amor-próprio, quis mostrar-lhe que o compreendera.

Fechei também os olhos e estendi um pouco o corpo, de forma que os nossos joelhos novamente se tocaram.

Animado por esta prova de condescendência, o estudante cobrou ânimo para novas tentativas.

Procurou, por baixo da manta, segurar-me uma das mãos, e pôs-se a apertá-la suavemente.

Correspondi-lhe.

Assim estivemos alguns instantes.

É inexplicável o que então sentia. Estava como que embriagada. Voltava outra vez ao estado de excitação que me tomara quando desmaiei.

Começou depois a puxar-me brandamente a mão e, cedendo, passei-a por baixo do encosto do banco até descansá-la sobre as pernas do mancebo, contra as quais ele a comprimiu.

Descobri então uma coisa que deveras me surpreendeu.

Agitava-se naquele sítio um objecto duro, quente, que pulsava sob a roupa.

Quis retirar o braço.

O estudante, havendo talvez previsto o movimento, segurava-me com força, de modo que o meu intento foi baldado.

Não podendo fugir, desejei ao menos saber o que era aquilo.

Apalpei uma e muitas vezes.

Artur adivinhou-me decerto a curiosidade, porque, para satisfazê-la, começou a desabotoar as calças.

Todos os nossos movimentos eram compassados e brandos, de forma que, se o cura ou algum outro passageiro estivesse acordado, não desconfiaria certamente que debaixo da manta que nos guardava do frio se passava esta pequena cena.

Por força nos julgaria adormecidos.

Ele representava tão bem o seu papel que, para lhe dar maior relevo e naturalidade, cabeceava como se fosse muito pegado no sono.

Uma vez, até, deixou-se cair para cima da velha, que resmungou não sei que grosseria.

Logo que conseguiu desabotoar as calças completamente, o objecto que antes sentira agitar-se saltou fora, ainda envolvido na camisa, que eu tratei de afastar.

Tinha umas formas estranhas. Sem que fosse perfeitamente roliço, era macio como veludo. Percorrendo com a mão todo o seu comprimento, vi que fazia parte integrante do corpo de Artur.

Era espantoso. Eu não tinha semelhante coisa.

Não falara pois verdade a avozinha quando uma vez me dissera que a única diferença entre o homem e a mulher era o primeiro ter barba e a mulher não. Enganara-me atrozmente!

Contente com a descoberta e deixando-me guiar pelo estudante, comecei a afagar-lhe aquela parte do corpo.

Causava-me isto grande prazer. O dele não era menor com certeza, porque, às vezes, estremecia todo.

De repente porém, a diligência parou e, como era natural, alguns dos passageiros acordaram logo e dispuseram-se a descer.

Tinha chegado à muda.

Retirei imediatamente a mão; o estudante, muito contrariado, pôs-se a abotoar as calças exclamando:

— Já!

Descemos também, eu e o cura, e enquanto ele pedia ao cocheiro que lhe desse o cesto do farnel que ia atado em cima, no tombadilho do carro, o mancebo acercou-se de mim sorrateiramente e perguntou-me baixinho:

— Vai para o Porto?

— Vou.

— E demora-se lá?

— Pouco tempo. Apenas quinze dias.

— Se...

Não teve tempo para acabar a frase. O padre voltava já sobraçado com a condessa e ele teve de afastar-se.

VI

Havia ali próximo uma venda, onde entrámos todos, e cada qual procurou logo aproveitar o tempo, satisfazendo as necessidades do estômago.

Eu não tinha vontade de comer. Só pensava no estudante e ansiava pelo momento em que novamente me veria sentada a seu lado.

Sempre que podia olhava-o. Ele, porém, só raras vezes me retribuía, e com a vista indicava-me então o padre, recomendando-me que fosse prudente.

Bem me importava eu com a recomendação! Queria vê-lo, queria que os seus olhares me acariciassem o rosto, numa palavra, queria estar certa de que pensava em mim da mesma forma que eu pensava nele.

Quando já todos se aprestavam a voltar para a diligência, puxou de uma carteira e começou a escrever numa das folhas, a qual rasgou, guardando-a depois na algibeira.

Daí a pouco estávamos todos sentados no carro como anteriormente.

Desta vez, porém, assim que o padre tomou as suas disposições para dormir, sem esperar que mo pedissem, dirigi a mão para onde tinha o pensamento, e tão ansiosa estava de apertar o objecto querido, que ajudei o estudante a desabotoar as calças.

Que doce prazer! Que sensação agradável sentia em acariciá-lo suavemente! No meu louco entusiasmo cheguei a ter desejos de o beijar, de o chegar aos seios.

O estudante segurava-me na mão obrigando-me a apressar os movimentos. Pela minha parte secundava-lhe quanto possível os desejos. Durou isto alguns minutos.

De repente parou, e ao mesmo tempo que aquela parte do corpo começava a perder a primeira dureza, sentia eu a mão inundada de um líquido quente.

Assustei-me imensamente por julgar que o líquido fosse sangue e que os precipitados movimentos com que o afagara lhe houvessem feito mal; e mais convencida e assustada fiquei ainda quando ouvi o estudante dar um suspiro abafado.

VII

O dano, porém, se o houvera, não fora grande, porquanto ele, pouco depois, procurava a mão que eu havia retirado e, apertando-a com ternura, pareceu antes agradecer-me do que censurar-me.

Eu sentia-me, porém, tão exaltada como antes, e na minha excitação havia um desejo vago que não podia definir.

Depois de conservar durante algum tempo a minha entre a sua mão, largou-a e passou a acariciar-me as pernas, junto à cintura. Demorou-a ali e, descendo-a em seguida até aos joelhos, principiou a levantar-me o vestido a pouco e pouco.

A manta em que me abafava chegava até aos pés e não havia por conseguinte perigo de ficar descomposta. Deixei-o. Que procuraria ele?

Tendo afinal conseguido o seu intento, pousou suavemente a mão sobre as minhas carnes nuas, que palpitavam de prazer.

Pareceu-me indubitável que ele, como eu, desconhecia totalmente a diferença entre os dois sexos. Seria pois egoísmo imperdoável não lhe facultar ensejo de descobrir o que eu também descobrira, graças à sua amabilidade.

Avancei um pouco o corpo como que a convidá-lo a procurar o objecto que buscava e, espiando-lhe os movimentos, gozava antecipadamente da sua admiração, que esperava não fosse menor que a que eu sentira.

Baldada esperança. O Artur começou a afagar brandamente os bastos cabelos que me cobriam, adiante, a parte inferior da cintura, sem dar o menor indício de espanto.

Em seguida, metendo a mão entre as minhas pernas, pediu que as afastasse, ao que eu anuí, deixando-lhe o campo livre para novas explorações.

Com um dos dedos pôs-se então a friccionar brandamente as duas pequenas polpas que eu ali tinha, apressando pouco a pouco os movimentos.

O prazer que eu sentia aumentava progressivamente e, quando chegou ao maior auge, dei um grito abafado, e senti-me completamente encharcada. Desta vez fora de mim que se expulsara um líquido quente, provavelmente semelhante ao que jorrara daquela parte do corpo do estudante de que já falei.

Estive não sei quanto tempo completamente aniquilada, sem quase dar acordo de mim.

Quando despertei de tão doce embriaguez, a minha primeira ideia foi retribuir-lhe a amabilidade, repetindo o serviço que já lhe prestara.

Tornei por conseguinte a passar a mão pelo encosto do banco e agarrei-me sofregamente ao delicioso objecto que novamente recuperara a primitiva rijeza e arrogância.

Reproduziu-se a primeira cena e quando ele, em seguida, ia a pagar-me as carícias, parou a diligência.

Tínhamos infelizmente chegado ao Porto.

Ao trocarmos um aperto de mão passou-me furtivamente um pequeno papel que eu guardei. Era com certeza a folha que arrancara da carteira. Que me diria?

CANÇÕES POPULARES

A HISTÓRIA DO MOLEIRO

Estando o moleiro sentado ao borralho
Veio o diabo tirou-lhe o caralho.

Grita a moleira detrás d'atafona:
— Larga diabo a chave da cona!

Saltam os filhos dizendo:
— Ai! ai! Larga diabo o caralho do pai.

O diabo já farto d'ouvir tanta asneira
Enfia o caralho no cu da moleira.

MÚSICA

Andantino com expres.

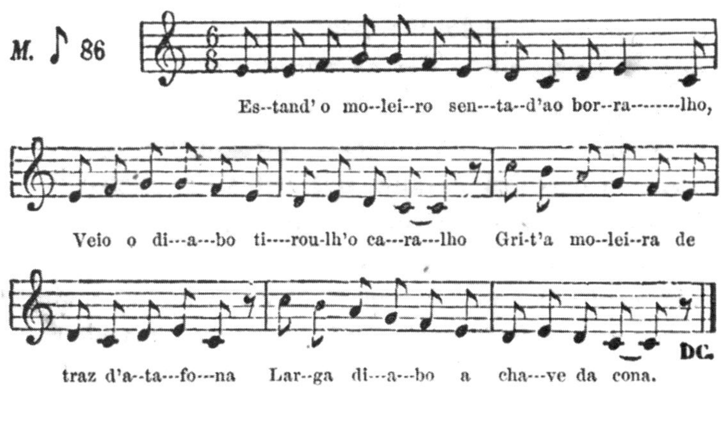

LITERATURA DO FUTURO

REVELAÇÕES

Segunda Parte

VIII

Assim que pudemos haver as bagagens, o padre chamou um trem e, indicando ao cocheiro a residência de minha tia, mandou seguir naquela direcção.

Ainda comovida, e principalmente muito contrariada por ter durado tão pouco a jornada, pus-me a resolver na mente todos os pormenores da pequena aventura, parecendo-me então justíssima a observação da avozinha acerca da utilidade das viagens. Que de coisas eu descobri durante seis horas de diligência! Quanto não aprendera em tão limitado tempo!

Minha tia, antecipadamente prevenida da nossa chegada, esperava-nos. Era uma senhora já idosa e muito dada a devoções. Depois que lhe morrera o marido repartira o coração entre Deus e a única filha que tinha. Recebeu-me antes severa que cordialmente. A prima Júlia, pelo contrário, voara aos meus braços e prodigalizava-me inúmeros beijos e carícias. Agradou-me esta afabilidade, e naquele mesmo instante fiquei sendo amiga dela. Tinha pouco mais ou menos a minha idade e era encantadora.

— Aí fica sua sobrinha, minha senhora, tal qual ma entregaram — disse o cura ao despedir-se.

E depois de inúmeras perguntas a que eu respondi distraidamente, minha tia encarregou a criada de conduzir-me ao quarto que me fora destinado.

O de minha prima era ao lado, segundo ela me disse.

Mal fiquei só, o meu primeiro cuidado foi ler o bilhete que o Artur me entregara.

Era um conjunto de frases amorosas e ternas, pedindo-me lhe proporcionasse ensejo de novamente estar a meu lado. Dizia-me por fim que havia de procurar seguir-me quando me apeasse da diligência, a fim de saber para onde ia residir no Porto. Se o conseguisse, como esperava, passaria na noite imediata, às onze horas, *para receber de mim uma palavra de esperança ao menos.*

Li o bilhete não sei quantas vezes, e ainda continuaria por muito tempo se minha prima não me houvesse interrompido, perguntando-me através da porta que separava os nossos quartos:

— Está dormindo?

— Não, não estou, nem me deitei sequer.

— Sim?

— Não tenho sono.

— Está como eu.

Houve um pequeno silêncio. Ela prosseguiu:

— Se a priminha quisesse...

— Se quisesse o quê?

— Passávamos a noite a conversar.

— Está visto que quero.

— Palavrinha?

— Palavra.

— Mas como há-de ser? Assim, através da porta, não tem graça.

— É verdade, não tem graça. Porque não a abre e não vem para o meu quarto?

— Está fechada à chave.

— Que pena...

— Uma ideia! Abra a porta que deita para o corredor, devagar, que eu vou de roda.

— Bem lembrado.

Dito e feito. Momentos depois entrava a prima no meu quarto, descalça e caminhando com a maior precaução para não ser ouvida da criada nem da mãe.

Veio sentar-se ao meu lado.

— Ainda bem que a priminha não quis deitar-se. Se não fosse isso não sei como havia de passar a noite. Não tinha mesmo sono nenhum e estava aborrecidíssima ali só, entre quatro paredes, sem ter com que me distrair.

— Também eu estava aborrecida.

— E havemos de ser muito amigas daqui em diante, sim?

— Se a prima quiser.

— Deveras?

E abraçou-me, dando-me muitos beijos, que retribuí com igual ardor.

O roupão que tinha vestido incomodava-me um pouco e, para estar mais à vontade, desacolchetei-o, ficando com o pescoço completamente nu. A minha nova amiga beijou-mo e depois o seio, que descobriu, passando em seguida a sorver-me os dois róseos botões que se destacavam da alvura da pele, causando-me com isso infinito prazer.

Dei-lhe também muitos beijos.

— Vamos deitar-nos?

— Já?

— É para estarmos mais à vontade. Conversaremos melhor assim, se quiser consentir em ceder-me um bocadinho da sua cama.

— Pois não havia de querer!

E cada qual começou logo a despir-se. Por fim apenas nos cobria a nudez o pano branco e finíssimo das nossas camisas.

Como a cama era estreita, ficámos juntinhas e abraçadas e de novo começámos a trocar mais beijos e carícias.

Enlaçámos em seguida as pernas e com tal arte se houve a Juliasinha nestas circunstâncias, que a parte mais sensível do nosso corpo se unia perfeitamente uma à outra.

Não cessava a prima de afagar-me com os seus beijos ardentes, imprimindo ao mesmo tempo ao corpo uns movimentos, primeiro compassados e depois cada vez mais rápidos e irregulares.

Aumentava em nós o prazer, que se traduzia em lânguidos suspiros acompanhados de palavras ternas e amorosas.

— Ai!, minha querida!

— Meu amor!

— Ai!

— Ai!

E caímos desfalecidas, arquejantes, sem quase podermos respirar.

Que suaves momentos!

Gozara então muito mais que com as carícias do estudante. Contudo lembrava-me com saudade e ternura daquele objecto tão macio e tão quente que estivera entre as minhas mãos! Se o tivesse ali, como seria bom chegá-lo a mim, sorvê-lo e beijá-lo da mesma forma que eu sorvia e beijava os seios de minha prima!

IX

— És muito minha amiga? — perguntou-me esta logo que as forças lhe voltaram.

— Muito, muito!

E começámos novamente a trocar carícias e abraços. Não obstante estar fria a noite, abrasávamos ambas em calor, e entendemos por conseguinte conveniente despir a camisa que nos privava da completa liberdade de movimentos.

Era encantador o corpo de Júlia. A pele branca e macia como o arminho tinha a dureza do jaspe. Os seios pequenos convidavam os lábios a acariciá-los. Mais abaixo um montinho de cabelos negros e luzentes realçava a beleza daquelas formas sedutoras. Demorei-me longo tempo a contemplá-la.

Ela também não gostava menos de admirar-me.

Era igualmente formosa e ainda que certa vergonha instintiva me obrigasse a ocultar com a mão a parte mais bela do meu corpo, o que estava patente não era pouco para lhe deliciar a vista.

Arguiu-me do acanhamento que, segundo dizia, provava que não era sua amiga. E para me mostrar quanto gostava de mim, sentou-se na cama e deu-me um demorado beijo, ali, no ponto culminante dos prazeres.

Tão deliciosa sensação senti, que murmurei baixinho:

— Outro!

Ela então, afastando os emaranhados cabelos que a impediam de pousar mais fundo os lábios, deu-me novo ósculo.

Puxei-lhe o corpo para mim, obriguei-a a descansar os joelhos sobre o travesseiro e colocando a cabeça entre as suas pernas fiz-lhe experimentar igual prazer.

Júlia, a minha querida amiga, começou então a fazer com a língua o que o estudante me fizera com o dedo, e disse-me entre suspiros.

— Anda... tu também!

Como resistir-lhe?

Paguei afago com afago, carícia com carícia, e tão bem aproveitara a lição que, ao mesmo tempo que desfalecia, sentia a cara inundada por um licor quente, que brotava abundante do corpo da minha carinhosa prima.

Júlia pôde ainda voltar-se para mim e, trocando um último beijo, adormecemos abraçadas estreitamente.

Acordámos sobressaltadas no outro dia.

A criada batia fortes pancadas na porta do quarto de minha prima que, não estando lá, não podia responder.

Imagine-se o susto que ambas tivemos. Que julgariam se viessem a saber que tínhamos passado a noite juntas?

A mulher, não obtendo resposta, abalou espavorida em busca da mãe de Júlia.

Receava, não tivesse sucedido alguma coisa à menina.

Foi a nossa salvação.

Minha prima apanhou apressadamente o fato que ficara espalhado pelo chão e foi correndo meter-se na cama.

Felizmente, a criada, atemorizada como ficara, não se lembrou de ver se a porta estaria aberta, porque nesse caso, encontrava o leito de Júlia intacto e ficava sabendo que ela não passara lá a noite.

Minha tia veio daí a instantes, correndo quanto podia; abriu a porta e encontrou a filha deitada, fingindo-se profundamente adormecida.

X

Quando acabei de vestir-me encontrei minha prima na casa de jantar. Falámo-nos como se nos não houvéramos visto desde a véspera, e ao trocarmos um beijo murmurei-lhe baixinho:

— Que susto tive!

— E eu!

Era um domingo. Minha tia prometeu levar-me, depois da missa, ao Palácio de Cristal.

Fiquei contentíssima; além de desejar muito ver o Porto, tinha um vago pressentimento de que encontraria o estudante.

Assim sucedeu.

Mal entrei no jardim dei com ele sentado num banco, conversando confidencialmente com outro rapaz. Sobressaltei-me. Pareceu-me, porém, que ele chamara a atenção do companheiro para a nossa presença ali, porque este levantou rapidamente os olhos e ambos começaram a fitar-nos.

Depois de passarmos, minha prima disse:

— Se desses a tua palavra de que havias de guardar segredo, contava-te uma coisa.

— Pois não tens confiança em mim?

— Tenho, mas... Prometes não dizer nada?

— Prometo.

— Vê lá!

— Já te disse.

— Reparaste naquele rapaz que estava ali sentado?

— Qual deles?

— O de cabelo preto.

— Reparei sim.

— Pois fica sabendo que é meu namorado.

— Teu namorado!

Não compreendi o que queria dizer com aquilo.

— Sim, meu namorado — volveu ela. — Se imaginasses quanto gosta de mim! Se visses as cartas cheias de ternura que me escreve... Logo em casa hei-de mostrar-te algumas. Verás. Fui eu que lhe disse que vinha cá. Descobrimos ou antes descobriu ele um meio fácil de nos correspondermos. Lá teve artes de convencer o aguadeiro a entregar-me as cartas às escondidas da mamã e a levar-lhe as respostas. Mandei-lhe dizer, ainda agora, que me esperasse aqui e não faltou, como vês. Eu também gosto muito dele.

Era por isto só que ela lhe chamava *o seu namorado*?

O Artur também me escrevera muitas palavras ternas, também dera provas de gostar muito de mim, pois que, sem me conhecer, tornara-me patentes certos segredos que eu ignorava. Eu igualmente simpatizava com ele.

O estudante, por conseguinte, era também meu namorado!

Feita esta nova descoberta, entendi que não devia ocultar coisa alguma a minha prima. Era não lhe ter amizade.

— Pois vou igualmente fazer-te uma confidência.

— Tu!

— Sim. O outro que estava com ele, o de cabelo louro... é meu namorado também.

E carreguei muito nas quatro últimas palavras, contentíssima por poder mostrar-lhe que não era só ela que tinha um namoro.

Não levámos, porém, mais longe as nossas revelações com receio de sermos ouvidas por minha tia, que se aproximara um pouco.

— À noite, quando estivermos sós, contas-me tudo?

— E não tens medo que nos suceda como esta manhã?

— Nada temas — respondeu ela, — hei-de procurar logo a chave da porta que põe em comunicação os nossos quartos e já não haverá perigo.

Enquanto passeávamos, os dois seguiam-nos disfarçadamente e, numa ocasião em que minha tia se voltara para admirar uma flor, o Artur chegou-se a mim e apertou-me a mão às escondidas.

Outro tanto fizera o companheiro a minha prima, sem que todavia a mãe percebesse coisa alguma.

XI

Assim que entrámos em casa, pôs-se a Júlia em busca da tal chave, que felizmente encontrou, e graças a ela pudemos à noite juntar-nos, sem receio de que fosse descoberto o nosso entretenimento.

Não perdemos tempo em preâmbulos como na véspera e, mesmo vestidas, demos começo ao doce passatempo, que prolongámos enquanto as forças no-lo permitiram.

Saciados os desejos encetámos as confidências.

Júlia contou-me que conhecia o seu adorado Justino desde a quaresma passada.

Encontrara-o na igreja, uma noite em que fora com a mãe à novena. À saída ele seguira-a. Depois começou a passar-lhe por defronte da janela, e a escrever-lhe cartas.

Nunca passaram disto.

Lembrou-me então que o Artur me dissera, no bilhete que me havia escrito, que passaria também naquela noite, para *receber de mim uma palavra de esperança.* Era porém muito tarde, e admitindo mesmo que ele ainda lá estivesse à espera, não tinha eu meio de chegar à janela. As do nosso quarto davam para um pequeno quintal que também pertencia à casa. Para chegar às que olhavam para a rua era mister atravessar o quarto de minha tia.

Nem pensar nisso.

Pus-me então a contar à Júlia todos os pormenores da minha viagem e a explicar-lhe como aprendera a conhecer a diferença principal entre os dois sexos.

Esta última parte, porém, não era absolutamente nova para ela. Uma amiga do colégio, que já tinha também o seu namorado, ensinara-lhe não só isto mas também a maneira de duas raparigas poderem passar agradavelmente alguns momentos.

Quando lhe mostrei o bilhete do Artur, Júlia ficou pensativa.

— Em que estás cismando?

— Numa coincidência notável.

— Qual?

— Queres saber?

— Já se vê que quero.

— É que o Justino mais de uma vez me tem pedido o mesmo que o Artur solicita.

— A tal palavra?

— Não. Que lhe proporcione ensejo de estar ao pé de mim.

— E anuíste?

— Enganas-te. Para te falar com franqueza, nutria iguais desejos, mas...

— Percebo. Nunca tiveste ocasião.

— Não é isso. A verdade é que não me atrevia. Pensei

muitas vezes em abrir-lhe a porta que fica ao fundo do quintal, e à noite, quando todos estivessem deitados, ir encontrar-me ali com ele.

Escusado será dizer que daí a pouco tínhamos ambas resolvido aceder ao pedido dos pobres moços.

Assentámos em que ela mandaria uma carta ao Justino, dizendo-lhe que na noite seguinte, à uma hora, esperasse junto à tal porta. Dentro da carta de Júlia devia ir outra minha para o estudante, fazendo-lhe igual prevenção. O Justino se encarregaria de a fazer chegar às mãos do amigo.

Uma vez resolvido este negócio, tratámos de despir-nos. A minha prima deu-me então a conhecer uma nova forma de prazer.

Convidou-me a sentar-me numa cadeira, e, ajoelhando, colocou a cabeça entre as minhas pernas. Ao mesmo tempo que com a língua me afagava, introduzia o dedo na pequena fenda que eu tinha ali, causando-me assim uma leve dor misturada com as mais agradáveis sensações.

É bem de ver que lhe retribuí o serviço, não me poupando a esforços para que a minha boa amiga gozasse como eu das vantagens da nova posição.

XII

Mais prudentes, no dia seguinte, antes que a criada nos fosse chamar, tivemos nós o cuidado de levantar-nos.

Depois de escritas as cartas e de entregues ao aguadeiro, demos uma volta pelo quintal e, quando adquirimos a certeza de que ninguém nos veria, experimentámos se seria fácil abrir a porta. Conseguimos a custo levantar a tranca que a segurava, ficando contentíssimas quando vencemos aquele pequeno obstáculo.

Com que impaciência esperámos à noite pela hora aprazada! Muito antes já nós estávamos no quintal. Ninguém tinha dado pela nossa saída. Em casa estavam todos adormecidos.

Imagine-se por conseguinte quão surpreendidas ficámos ao ver um vulto de mulher caminhando cautelosamente em direcção à porta. Julgando que havíamos sido descobertas e que andavam em nossa procura, mortas de susto, tratámos imediatamente de nos esconder entre os arbustos.

O vulto continuou a dirigir-se para a porta, que abriu. Nos umbrais assomou imediatamente segundo vulto, mas de homem. Trocaram ambos um beijo muito retinido e caminharam depois ao lado um do outro para casa.

Conhecemos então quem eram.

O estafermo da criada aprazava também entrevistas e mantinha relações de amizade com o galego!

Rimos imenso eu e a Júlia e comentávamos ainda o caso quando o relógio dos Clérigos deu uma hora.

Era chegado o momento de recebermos os nossos namorados. Levantámo-nos, tremendo, e abrimos também a porta.

Estavam ambos lá. O estudante dirigiu-se logo a mim e apertando-me muito a mão agradeceu-me, baixinho, ter acedido ao seu pedido.

Passo em claro alguns pormenores, que decerto fatigariam o leitor, para contar a parte interessante da entrevista.

Tanto o Artur soube cativar-me a atenção que cheguei a esquecer-me completamente da minha amiga. Sem dar por isso, achei-me sozinha com ele, no sítio mais escuro e sombrio, sentados ambos no chão, ao lado um do outro.

Começámos então a trocar longos beijos e insensivelmente fui-me agarrando ao querido objecto dos meus sonhos, apertando-o e afagando-o ternamente. O Artur levantara-me as saias e ao mesmo tempo que me metia a língua na boca, com o dedo fazia-me experimentar as mais doces sensações. Por fim o excesso do prazer impediu-nos de continuar e caímos exaustos sobre o chão humedecido pelo orvalho da noite.

Breve recuperámos, porém, o primitivo vigor, e mais ardentes ainda, se é possível, recomeçaram as carícias.

O meu querido amante, então, obrigou-me a deitar-me de costas e pondo-se por cima de mim, colocou as suas entre as minhas pernas. Depois, dirigindo o duro objecto contra a pequena fenda, que latejava ainda de prazer, principiou a carregar desalmadamente, causando-me dores atrozes. Sem se importar com os meus pedidos e redobrando sempre de esforços, conseguiu afinal o que desejava... Cravou-mo todo, todo!

Dei um grito que ele abafou com um beijo. A verdade, porém, é que sofrera imenso e tinha gozado pouco.

— Mau! Para que me fez isto? Doeu-me tanto!

O Artur ia provavelmente dar-me a razão do seu procedimento quando fomos interrompidos pela seguinte exclamação:

— Credo! Anjo bento!

Ficámos sem pinga de sangue.

XIII

A criada achava-se junto de nós. Fora atraída pelo grito que eu involuntariamente soltara, e ao ver-nos naquela posição, compreendeu logo a que género de passatempo nos entregávamos. Passado o primeiro assombro, continuou:

— Ora aí está a sonsinha. Parecia que não quebrava um prato!

— Mas oiça, Jacinta, engana-se, estávamos conversando, e depois...

— Não diga mais nada.

— Mas já lhe disse que se engana.

— Viu-se lá nunca uma indecência assim! Ainda anteontem chegou e tem já o descaramento de vir rebolar-se com o derriço para aqui. E era esta a tal menina muito inocente, muito honesta! Isto porém não há-de ficar assim. Vou contar tudo à senhora, vou pôr esta história em pratos limpos.

O Artur quis interrompê-la.

— Veja também se quer deitar-me terra nos olhos. Era melhor que abotoasse a braguilha e escondesse o que está à vela. Desavergonhado! Mariola!

— Olhe, Jacinta, peço-lhe que não diga nada à tia. Não diga, não?...

— Escusa de se cansar, que me não engrola. E sabe que mais, para alcofa não sirvo. Tenho trinta e dois anos —, acrescentou engolindo pelo menos mais dez, sem se engasgar, — e nunca ninguém teve nada que me dizer. Se não soube guardar-se pior para si, agora avenha-se como puder.

Ocorreu-me então uma ideia, e respondi-lhe resolutamente:

— Pois diga, faça o que entender.

— Pudera não!

— Mas também hei-de contar à tia que você abre a porta ao aguadeiro, e que o mete no quarto às escondidas!

— Ó sua mentirosa, sua inzoneira, pois é capaz de levantar-me esse testemunho?

— Pois sim, negue, mas eu vi tudo.

— Tudo quê?

— Já lhe disse; abrir a porta do quintal, levar o aguadeiro para casa e...

— E dar-lhe uns beijos muito chiadinhos — completou minha prima a quem o vozear da maldita atraíra.

— Ai!, meu Deus, a menina também aqui e na companhia de outro rapaz. Valha-me Santa Maria Madalena, quem tal *havera* de dizer!

— Já vê, por conseguinte — volveu-lhe o Artur, — que nada tem a ganhar em ser indiscreta, enquanto, pelo contrário, se guardar segredo e quiser ajudar-nos não perderá o seu tempo.

— Mas posso comprometer-me!...

— Agora compromete! — E foi-lhe passando para as mãos umas pratas, que ela guardou.

Este último argumento acabou de convencê-la.

Como principiasse a amanhecer, julgámos prudente separar-nos, combinando, bem entendido, na maneira de novamente nos reunirmos na seguinte noite.

Será todavia necessário dizer que então me custou já muito menos os furiosos ataques do meu amante, e que por fim nem mesmo lhe perguntava para que me havia feito aquilo?

XIV

Tudo tem um fim.

Passaram-se os quinze dias que eu devia estar no Porto e, profundamente triste e magoada, tive de voltar para a companhia da avozinha. Prometera o estudante que iria ver-me sempre que pudesse, mas o ingrato não cumpriu a promessa. Tive por conseguinte de consolar-me o melhor que pude, aproveitando, sozinha, das lições que minha prima me dera.

Dois anos depois casava com um alarve, que enriquecera no Brasil, não sei por que meios. Talvez que um dia conte ainda a história do meu casamento e a das aventuras que se lhe seguiram.

Quando saí da igreja, disse o cura baixinho:

— Pode gabar-se, sr. comendador, de possuir uma esposa casta e puríssima.

E minha avó:

— Aí lha entrego inocente e sem mancha. Respeite-lhe quanto puder a cândida ignorância da sua alma de virgem.

A verdade, porém, é que as flores de laranjeira que me adornavam a cabeça serviam, como quase sempre sucede, para encobrir a falta do que outra cabeça me roubara.

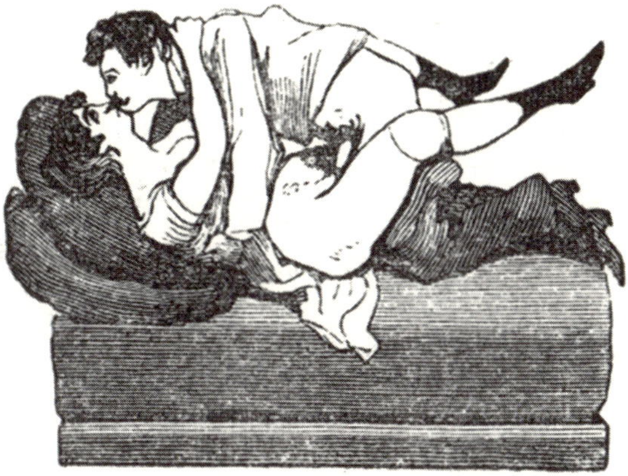

ANTES

Quando tinha os meus dezoito
Eu por cima ela por baixo,
Dava-lhe sete seguidas,
Tinha tesão como um macho.

Fora e dentro sem descanso
Fazia-lhe em borra a cona;
A barriga era um sarilho
O cu a mó d'atafona.

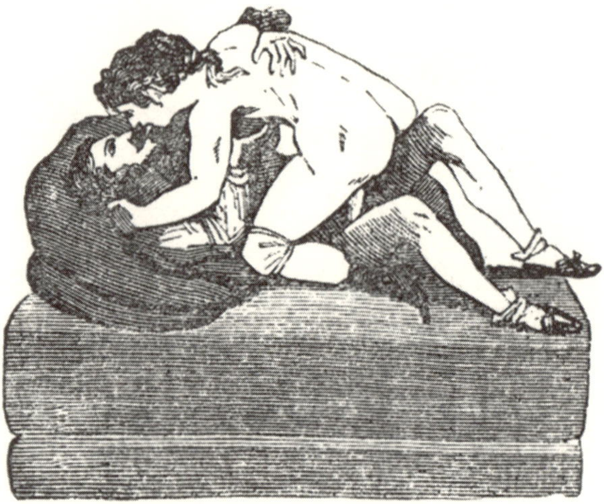

DEPOIS

Depois, passando dos trinta,
Eu por baixo ela a cavalo
Já me custava a dar duas,
E a terceira, era agarrá-lo!...

Mas se acaso para as duas
A porra 'inda era um bambu...
Fingia sempre a terceira
Metendo um dedo no cu.

AGORA

Agora, desgraça imensa!
É tão grande a minha míngua
Que por mais que o sacuda
Só tenho tesão na língua.

E quando às vezes me miro
No espelho todo nu
Vejo a porra tão pequena
Que julgo tê-la no cu.

REPUTACIÓN

Tu eres puta la mas puta
Entre cuantas putas vi,
Reputada por tan puta
Que en reputación de puta
A todos dices que si.

Tu non eres de las putas,
Que lo dan por afección,
Si tu es puta que disfrutas
En tener entre las putas
Toda tu reputación!

RIFÃO POPULAR

Fazer do caralho assobio.

LIRISMO

Era uma noite linda. A lua feiticeira,
Surgindo em céu formoso de mágico fulgor,
Com seu ridente véu cobria a terra inteira
Trazendo-nos à mente ideias só d'amor.

Eu lia um livro bom, porém, licencioso,
Que não sei como ainda me fora ter à mão,
E entre as minhas pernas sentia majestoso
Erguer-se-me o caralho em férvido tesão.

Eis quando no jardim ouvi um passo leve
E vi ao pé de mim a linda criatura
Por quem eu dera a vida; ia ser minha em breve
E eu estava transportado e louco de ventura.

Aconcheguei-a a mim, beijei-lhe o meigo rosto,
Palpei-lhe o lindo seio, frenético, fremente,
Ergui o seu vestido, no auge do meu gosto
A porra esbraseada entrou no cono ardente.

Que mágica delícia! Imenso, abrasador,
Do membro me saiu o leite divinal...
Também ela se veio... da foda no ardor,
Aos meus então uniu seus lábios de coral.

Fodemos ainda mais; no auge da alegria,
Julgámos ter voado aos páramos do céu,
E enquanto em doce gozo a vida se esvaía
A lua sobre a terra estendia meigo véu.

UM PENSAMENTO INÉDITO DE BOCAGE

Perguntando-se ao erótico poeta como deviam ser tratadas as mulheres que tivessem desenfreado amor pela linguiça humana, respondeu:

— Como se tratam as freiras e as frieiras: coçá-las e largá-las.

VIAGENS MARAVILHOSAS

DOS TOMATES AO CU

VIAGEM DIRECTA EM POUCOS MINUTOS

Por

JÚLIO SPERMA

Vista ideal do ca | nh / ralh | ão de J.-T. Mestrão.

CHARADA

Eu tenho um minotauro,
Que tudo come sem nojo,
Tem pesos como relógio,
Como de sino badalo.
Tem freio como cavalo,
Como de frade capelo;
É uma delícia vê-lo
Ora curto ora comprido,
Todo de peles vestido
E mui crespo de cabelo.

ESFINGE

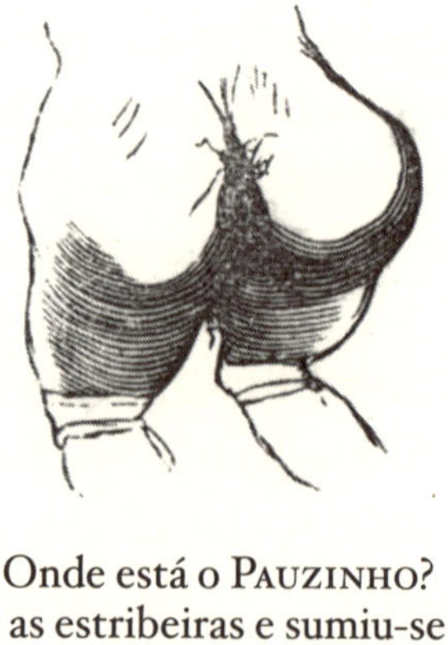

Onde está o PAUZINHO?
Perdeu as estribeiras e sumiu-se no cu.
Admiram-se? Era cu para muito mais.

ARTE DE GOZAR E FAZER GOZAR

Para que este livro se não conserve de todo fútil e possa aproveitar à educação, damos aqui alguns preceitos, que importa seguir quando se trata do que o homem tem de mais grato: os prazeres da luxúria.

Diz um douto:

Cono, bimbas, mãos, assento
São bainhas quase iguais:
O caso é vir-se, que o mais
São formas de movimento.

É certo; mas essas formas estão sujeitas a preceitos, que é preciso não desatender. E como escrevemos para todos, e na suposição de que este livro vá parar a mãos ainda ignorantes destes elevados assuntos, e no empenho de promover o desenvolvimento da arte de fazer vir o próximo, daremos aqui resumidamente um como catecismo dessa arte, que dedicamos à mocidade dos dois sexos.

Dividiremos o nosso trabalho nos seguintes capítulos: — *Do beijo e da apalpadela.* — *Da punheta.* — *Da bimbadela.* — *Da foda.* — *Da chupadela ou bauché.* — *Da lambedela ou minete.* — *Da enrabadela.* — *Outras formas de esporrar.*

I
Do beijo e da apalpadela

O beijo e a apalpadela são as partes principais da luxúria, pois sem eles nada se consegue, seja qual for a forma escolhida ou produzida pelas circunstâncias para nos esporrarmos. É pois necessário saber tirar dele todo o partido, tanto para provocar ou aumentar o próprio tesão, como para excitar o alheio.

Há o beijo singelo, em que só figuram os lábios, e o beijo de linguado, assim chamado porque nele a língua toma parte importante. A forma de beijar, sendo destinada a provocar a concupiscência, difere segundo o sexo. O homem deve beijar a mulher nos lábios primeiro suavemente, em pequenos ósculos secos e repetidos no mesmo ponto, passeando os seus pelos lábios dela como que em leve roçar, depois unindo bem os seus aos beiços dela num só ósculo demorado, devendo passar do beijo simples ao de linguado, mas por uma transição graduada e não brutal, até lhe meter a língua até às goelas, e apanhando-lhe a dela, mordendo-lha ligeiramente. Por este beijo pode o homem logo conhecer com que praça se vai haver e qual é o grau prático da prenda. Se numa lambedela ligeira, como que a imitação da minete, a mulher manifesta certo entusiasmo, o chega mais a si e estremece toda como redobrando de prazer, é certo que já provou e que se pela por que lhe metam a língua na cona; se se lhe mete a língua na boca hirta, tesa e com ela se imita o movimento do caralho fodendo, e a bela entusiasmada acompanha com a cabeça o movimento, prova isso que a sua educação é completa, que já chupou caralho e que dá o cavaquinho por fazer o seu bauché. Não são para despregar os beijos nos olhos, pelas faces, nas orelhas, acompanhados de leves mordidelas, no pescoço, na aproximação do seio e nos pés, onde não deve esquecer a lambissoca dos dedinhos.

Até aqui, subentende-se que a mulher está vestida e que o caso se passa numa sala, num jardim, num sítio qualquer em que os amantes se encontraram e onde não possam estar muito à vontade. À mulher despida é necessário percorrer-lhe o corpo todo com os lábios, devendo começar-se pelas tetas, roçando-as levemente com os beiços, fazendo-lhes ligeiras cócegas com a ponta da língua, puxando-as repetidas vezes com as pontas dos lábios, que convém conservar secos, até chegar a abocá-las todas. O tacto vai sempre auxiliando todos estes movimentos, afagando as coxas, esfregando o pintelho, tocando ligeiramente a punheta (de que trataremos noutro ponto), ou substituindo a boca quando esta se afaste da teta para ir percorrer outras partes do corpo até chegar à suspirada crica. Numa palavra, é necessária muita perfeição no beijar, que basta ele para prender ao homem a mulher, sempre luxuriosa mas por via de regra louca por afagos praciosos; além disso, a sua excitação não terá fim e o tesão do homem tornar-se-á quase indomável.

A mulher, se tem que se haver com uma amiga, siga os preceitos que indicámos ao homem. Se porém o seu sócio na luxúria for um homem, como é mais natural, então, depois dos artifícios próprios do seu sexo mentiroso, como a recusa, etc., deve corresponder aos beijos do homem, que tanto basta, pois este mais se excita com os beijos que dá do que com os que recebe. Também pela sua parte, se é conhecedora, saberá logo aos primeiros beijos com que bicho ou com que lesma se encontra às mãos. Voltaremos a este assunto.

II
Da punheta

Dizia um fanchono célebre que se as punhetas amargassem todos andariam a cuspir; também não falta quem assevere que se o pegar aleijasse, não haveria senão manetas. Será verdade, e, porque a fome é negra, não reprovamos que, apertado pela necessidade, se coma um puto ou um amigo. Mas o livro não se destina a sacanas, e por isso só trataremos das punhetas com que os dois sexos têm mutuamente de se aliviar quando o não possam fazer de outro modo. E aqui é preciso que eles e elas nos prestem atenção, porque se as meninas precisam neste ponto ser esclarecidas, por bem das porras que se lhes confiam às unhas, há muito fodedor maduro que não sabe tocar convenientemente uma punheta à mulher que se lhe entrega.

Ao passo que o homem se faz fanchono por educação, as mulheres são fanchonas por natureza; por isso são raras as que resistem à punheta, se for tocada com arte. Para isso convém começar pelo afago do pintelho, prolongar depois o dedo que para o fim mostrar mais jeito, e que convém trazer sempre com a unha bem cortada e limada, até à proximidade da crica pelo lado superior, onde deverá assentar e assim mover-se ligeiramente; é isto destinado a provocar o desejo da mulher, que já assim goza muito, a que se lhe toque mais abaixo, como depois se mostrará ansiosa por sentir alguma coisa pelo seu corpo dentro; escorregue-se depois delicadamente para a crica e aí friccione-se o mais ligeiramente que se possa, até que com os restantes dedos se vão abrindo os lábios da pássara e aí se introduza outro para fazer o acompanhamento mais abaixo; quem conseguir imitar com o dedo o efeito da língua tem, para certas naturezas delicadas, chegado à máxima perfeição; outras há, porém, que se deleitam em sentir esfregarem-lhes pelo interior do cono os dedos todos. Podes também, se fores jeitoso, com a mesma mão acompanhar a punheta com uma ligeira pressão no olho do cu da dama, o que levará ao auge do delírio o seu gozar; isso porém só o faças se tens confiança no seu asseio ou se se te não dá da merda.

A punheta pode também ser acompanhada da foda, embora esta seja dada ao natural, o que muito agradará à bela; na foda por detrás e na enrabadela é indispensável, devendo empregar-se a outra mão em afagar a teta ou em apalpar a mama favorita. Na foda por cima, se não for de apagador, um dedo posto na crica redobrará o prazer da fêmea.

As meninas entre si prefiram sempre ao rossadilho a punheta, que é mais peitoral.

A dama a cujas mãos delicadas seja confiada a preciosa porra trate-a com carinho. As meninas pouco práticas são naturalmente propensas à curiosidade e o seu maior empenho é o examinar o pauzinho por todos os modos. — Não vamos muito contra essa curiosidade, que tantas putas tem feito, permitimos-lhes que a mirem e remirem, que a beijem, mas não a escarapelem, que a podem esfolar e é objecto muito sensível; dir-lhe-emos porém que não é raro suceder que à força de tanto lhe bulir ela se esporre e assim se acabe a gracinha antes de terem o prazer de a abanar. O melhor é proceder à punheta logo que lhe metam o caralho nas unhas, e para isso devem pegar-lhe com a mãozinha toda bem conchegada, mas não apertada demais, devendo os dedos ficar voltados para cima, e começar com o braço num vaivém contínuo, que se deve ir gradualmente apressando até e ainda depois de sentirem correr-lhes pelos dedos o quente e precioso leite daquela bendita teta. Há quem não desgoste de certa variedade de punhetas, como a que se faz tomando o caralho com os dedos indicador, máximo e polegar voltados para baixo e abrindo o resto da mão como fazendo-lhe um alpendre, punheta muito preconizada para caso de chuva, mas isso são tontarias e brincadeiras, que estão longe de satisfazer a necessidade séria. O que fica reprovado é a punheta de emborcadouro, para a qual as inexperientes mostram tendência, e que consiste em tomar a pica com os dedos voltados para baixo e a parte superior da mão para a barriga do cavalheiro; não, meninas, o natural da punheta é como acima indicamos, daí não se afastem... e façam mais depressa.

III
Da bimbadela

A bimbadela é uma luxúria de excepção, e tolamente empregada por muitos a fim de evitar o desvirginar a mulher ou emprenhá-la. É coisa tola porque não pode durar muito e em poucos dias, por mútuo e irresistível desejo, mulher bimbada é mulher fodida. O preceito da parte da bela consiste em apertar as pernas cruzando-as se for preciso, de modo a fazer uma bainha que sirva agradavelmente à porra do homem; da parte deste, em procurar chegar a porra o mais possível do cono, para fazer gozar a mulher, imitando o rossadilho. Não nos demoraremos mais nesta forma estúpida.

IV
Da foda

Ó foda, foda sagrada,
Tu és do mundo a ventura.

Há quatro maneiras principais de foder, e vêm a ser: a foda a direito, ou a natural; a foda de lado; a foda por cima e a foda por detrás. Seja qual for a forma, a primeira condição para foder é da parte do homem ter tesão, da parte da mulher, o ser mulher, isto é, ter cono. Para ter tesão, se não o há, é preciso fazê-lo, e nesse ponto não é indiferente a colaboração da mulher pelos seus atractivos, pelo seu asseio e pela sua arte. Em geral, quanto o homem faz para excitar a mulher reverte em proveito próprio; mas se isso não bastar, convém que ela se dedique a excitá-lo, mexendo-lhe no caralho, beijando-lho, chupando-lho, metendo-o entre as mamas, chegando-o pelo cu, levando o cono à cara do amante, dando-lhe com ele pela boca ou pondo-lho ao alcance da língua, se o sujeito é acanhado e não andou já a fossar por lá. Mas não queremos ocupar-nos aqui de impotentes, antes devemos supor que se trata de dois amantes despreocupados e viris, ele dotado de bom tesão, ela bela e disposta a entregar-se com entusiasmo ao prazer da fodanga.

Para a foda natural a mulher deve deitar-se de costas sobre uma cama e depois dos preliminares essenciais para bem gozar, como os que indicámos nos capítulos dos beijos e das apalpadelas e da punheta e os que ainda indicaremos no do minete e bauché, o homem saltar-lhe-á para cima e aí provará o que vale. A porra deve ser metida com jeito, de modo que não ofenda a mulher, e os primeiros movimentos devem ser suaves e todos pelas bordas, chegando-se sempre à crica. Depois, irá metendo, metendo até lha chegar à alma se for possível, e aí mexer-se-á, fazendo tudo para se vir ao mesmo tempo que a amante. Se a foda for dada de atracão — ó deliciosas fodas! — ou à furtadela, sirva de tálamo a borda duma cama, um sofá, o chão, uma parede, isso rápido, antes que venha gente ou a bela torne a si da surpresa; nesse caso cada qual trate de si, que se é a primeira vez não será a última e então foderão a preceito.

A foda de lado é a foda dos cansados e dos amantes, mas também é a mais duradoura e a que mais se presta a afagos e luxúrias; termina quase sempre a direito; uma foda destas, quando os dois estão a gosto, vale por seis das outras; há tais que gastam com ela uma hora ou mais, e a vir-se adormecem enganchados.

Em ambas estas formas de foder a mulher não se deve limitar a um papel passivo, antes deve mexer-se bem, rebolar o cu e auxiliar o homem em todos os movimentos; como o fim é comum, comum deve ser o trabalho.

Na foda por cima é que à mulher é destinado o papel principal e não há verdadeira fodilhona que não seja mestra neste exercício, quer de rossadilho quer de apagador, a foda das valentes, que dispõem de boas pernas, bons rins, bom peito e cono à prova dos máximos tesões. Esta foda deliciosa para ambos, e em que a mulher pode graduar a quantidade de porra que precisa, é dada de cócoras, a bela espetada no caralho e firmando-se nas pernas, auxiliada nos movimentos pelo homem, que com as mãos a toma pela cintura e com a boca a beija e lhe chucha as mamas; termina quase sempre na de rossadilho, em que os dois se abraçam, se apertam e se esfregam um pelo outro até caírem no espasmo de um prazer sem limites.

A foda por detrás, salvo o caso da variedade de luxúria entre dois fodilhões, é recomendada para o caso da mulher pançuda ou grávida; também é excelente para se dar por disfarce a uma janela, e sabemos de quem a aproveitou para cornear um amigo enquanto a mulher lhe deitava bichas nos rins. Não é de todo má para o homem, conquanto o canse um tanto e se não possa repetir. Deve tocar a punheta à mulher com uma mão e com a outra afagar-lhe as tetas. É sempre foda secundária.

Melhor é a de cadeira (uma variedade da foda por cima). A mulher escarrancha-se nas pernas do homem, espeta-se-lhe no caralho e fode a seu modo, que é sempre delicioso nestes casos, e de grande prazer para ambos, principalmente para a bela, que nunca vimos deixar de se tornar louca de gozo, encontrando algumas que de nenhum outro modo se vinham.

Estas são as principais fodas; todas as outras são variedades, muitas inventadas nas ocasiões e que só a prática ensina e o amor do gozo inspira.

Seja como for, duma ou doutra maneira, fodam-se.

V
Da chupadela ou bauché

A menina que goste do seu namorado e vá à escada falar-lhe, concedendo-lhe liberdade sim, mas querendo conservar o virgo para o seu futuro maridinho, se quer ver gozar o namorado e encher de felicidade o bichinho encantador que tantas vezes lhe tem metido nas mãos, beije este e depois de muito beijado, corra-o com a língua desde o mimoso freio pela lombada abaixo até à delicada bolsa onde se guarda o néctar precioso que já lhe tem corrido com grato calor pelos afilados dedinhos. Depois meta-lhe a cabecinha na boca e chupe-o, chupe que é melhor que cana doce; se esse chupar for acompanhado com movimentos contínuos da cabeça e com o vaivém da mão bem conchegada ao pauzinho, pode ter a certeza que tem feito o mais completo bauché que jamais pica humana apanhou. A engolidela do licor não é de preceito, mas é muito peitoral.

Fica a receita para as senhoras que querem ver gozar e tornar felizes os seus amantes.

VI
Da lambedela ou minete

Não é mineteiro quem quer: é preciso ter instintos finos e, como em tudo o que toca a luxúria, ser delicado e jeitoso.

A minete faz-se — depois dos preliminares que indicámos quando tratámos do beijo — chegando delicadamente a ponta da língua à crica da deusa e lambendo-a assim muito de leve e suavemente; isto de princípio é essencial; as mãos podem ocupar-se em apalpar as mamas à bela, ou se lhe és dedicado e gozas com vê-la gozar, em meter-lhe um dedo no cu. Depois, se gostas do género, podes descer mais a língua, mas de modo que nos seus movimentos, que não deves apressar muito e deves fazer de leve, vá roçar sempre pela crica.

É delicioso para a mulher, e não é raro que o homem só com isto se venha com prazer infinito. Aconselho-te, porém a que não deixes aguar a triste; volta-te de modo que lhe deixes abocar-te o caralho e assim desenharão o n.º 69 ou o n.º 8, que é o símbolo do infinito, isto é, o símbolo do prazer que dois amantes por tal arte gozam. A língua no cu é de preceito, segundo os franceses e vários amadores, que têm empregado o sistema com êxito feliz.

VII
Da enrabadela

A enrabadela, que aplicada ao homem o avilta, eleva a mulher, porque por meio dela, da emamadela e da ensovacadela se lhe mostra que toda ela é cono e que a natureza a fadou para a luxúria. Ao homem é recomendada para certos casos de aperto, como quando quer poupar um virgo ou fugir a emprenhar a mulher, quando esta padece do útero, quando está com o sangue e também quando, esgotadas as outras formas, se precisa um prazer novo, e excitar desse modo o tesão, que com o andar do tempo a amante já não pode provocar. A mulher é louca por este género de luxúria, que deve ser sempre acompanhado da punheta e de mais acessórios. Achamo-la, pois, muito recomendável para uso das famílias.

VIII
Outras formas de esporrar

São poucas. Limitam-se a punheta feita com os pés, a esfregadela pelo cachacinho, a ensovacadela, e há poucas mais, todas secundárias e acessórias, e que, inspiradas no momento, não dependem de preceitos.

Terminaremos recomendando a todos que se fodam.

NAS PRAIAS

O facto de todos os anos e em todos os países voltarem das praias imensas donzelas desvirginadas, chegando muitas a aparecer prenhas, levou o dr. Caralhampanas, natural da Arruda, a sérias investigações, que deram o resultado da descoberta do anfíbio, cujo desenho aqui reproduzimos.

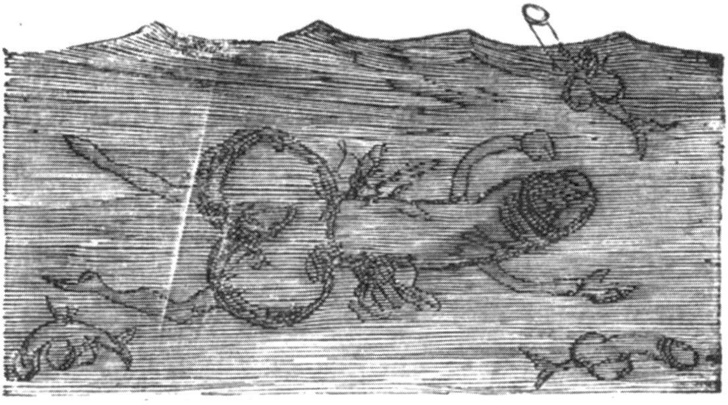

Anfíbio descoberto na praia da Foz do Douro.

Seguindo os passos daquele sábio, o dr. Cauras, da rua da Emenda, descobriu umas plantas submarinas, ou melhor, uns zoófitos, que são danados para os conos e tão fortes nas esporradelas, que mulher que deles se aproxime é fodida sem remissão e logo emprenhada. — Aviso às famílias.

Porrolypos descobertos na praia da Figueira em 1881.

A uma dama que acusou o autor de ser casmurro

Eu, senhora, não sou homem de barro,
Nem com a sua formosura embirro,
Se me zango, é certo, bramo, espirro,
E faço mais chiada do que um carro,

De ordinário, porém, não sou casmurro.
Amo a patuscada, folgo na *berra*,
Contente estou no mar, contente em terra.
É preciso que me escame para dar urro.

Sou luxurioso, detesto a parra
Com que se tapa o que termina em orra.
E na cama, posso jurá-lo, sou um barra;

E se a apanhasse a jeito e com pachorra,
Fosse ele em leito ou fosse em barra,
Veria o que era um homem — e uma porra.

Explicação do enigma da página 98:
É a foder com um corno que se gasta o caralho.
Explicação da charada da página 57:
Pica e piça.

AVISO IMPORTANTE

Não fica reservado nenhum direito de propriedade literária ou artística do PAUZINHO. *Pode ser pois reproduzido em qualquer parte e muito principalmente no Brasil.*

As contrafacções, porém, conhecem-se facilmente. Hão-de ser menos excitantes e mais sensaboronas.

Pertencendo à escola ultra-avançada em questões de propriedade, os editores aconselham às pessoas que puderem apanhar este livro por qualquer meio, compra, achado ou empréstimo (exceptua-se a palmação) que lhe chamem seu para todos os efeitos e o não restituam para efeito algum. E tomem:

Posfácio

Rafael Bordalo Pinheiro desconhecido

Que endiabrado livro, que graça
nos seus dizeres e nas suas ilustrações,
onde se revela o espírito de um
*caricaturista de fama.**

Confesso que não sei o que mais impressiona na obra de Rafael Bordalo Pinheiro, tantos são os campos que cultivou, com genialidade ímpar e um notável sentido de oportunidade. Nele convergiu toda uma tradição satírica portuguesa, que remonta aos cancioneiros medievais, aflora no Cancioneiro Geral e vem até ao século XVIII, prolongando-se exuberantemente numa nova realidade onde o liberalismo se afirmará e a política moderna surgirá com os atavismos e os condicionalismos inerentes à idiossincrasia lusitana.

Rafael Bordalo Pinheiro nasceu em Lisboa em 1846 e ali morreu em 1905. Estudou na Academia de Belas Artes e no Curso Superior de Letras, foi ator dramático

* Texto do anúncio de *O Pauzinho do Matrimónio*, incluído no catálogo anexo ao folheto *Proezas de Frade ou Mistérios do Confessionário*, sem data de impressão.

e cenógrafo. Autor de uma obra vastíssima, foi o maior caricaturista português de sempre, privilegiando a imprensa periódica, em Portugal e no Brasil, na qual publicou centenas de trabalhos seus. Durante a década de 1870, fundou e dirigiu *O Calcanhar de Aquiles, O Binóculo*, *A Berlinda* e *A Lanterna Mágica*, tendo criado neste último a figura do "Zé Povinho", estereótipo nacional português. Esteve no Brasil entre 1875 e 1879, aí colaborou em *O Mosquito*, fundou *Pst*! e *O Besouro*. De regresso a Lisboa, dirigiu *O António Maria* (1879-1885), cujo título era inspirado no nome do chefe do governo, José Maria de Fontes Pereira de Melo, e que passou a chamar-se *Pontos nos ii*, ainda que voltasse à primitiva designação, até terminar a publicação, em 1898. Entre 1880 e 1902 publicou o *Álbum das Glórias*, uma espécie de galeria de figuras ilustres portuguesas ou relacionadas com Portugal, acompanhadas de textos a propósito. Fez capas, ilustrou livros, folhas volantes, álbuns e brindes. Em 1900, começou a publicar-se *A Paródia*, um dos jornais humorísticos mais interessantes de quantos dirigiu, e no qual colaborou seu filho Manuel Gustavo, que assegurou a continuidade da publicação após a morte do pai. Também foi ceramista, fundando em 1880 uma fábrica de cerâmica nas Caldas da Rainha. Fez peças decorativas, mas também caricaturas tridimensionais.

Com o seu humor, Rafael Bordalo Pinheiro soube transmitir-nos uma imagem crítica e satírica da sociedade portuguesa do último quartel do século XIX e início do século seguinte. O que Eça de Queirós fez com os seus romances e Ramalho Ortigão com as suas crônicas também Rafael o conseguiu através de magníficas caricaturas, diagnosticando as causas da decadência portuguesa nessa época de transição e aplicando o velho aforismo de Jean-Baptiste Santeuil, "*castigat ridendo mores*" ("a rir se castigam os costumes").

Rafael privilegiou a imprensa periódica como veículo de comunicação, fossem os jornais ou os almanaques de periodicidade mais espaçada, muito divulgados em Portugal a partir do século XVIII pela Academia das Ciências. No século XIX, generalizou-se a publicação desses almanaques, com a agenda mensal, as festas religiosas e profanas, conselhos práticos, adágios, canções, poemas, passatempos e textos mais ou menos literários, acompanhados de ilustrações. O progresso técnico permitiu o aperfeiçoamento na utilização de ilustrações, por vezes a cores com o recurso à cromolitografia. Editoras, livrarias, papelarias e mesmo casas comerciais do mais diverso tipo começaram a publicar almanaques, alguns dos quais constituíam ofertas a clientes.

Vejamos qual foi a colaboração do caricaturista nesse tipo de publicações. O primeiro foi o *Almanaque das Gar-*

galhadas, lunático, profético, cómico, poético, satírico e burlesco (1870), publicado pela Verol, casa fundada em 1836, papelaria e livraria, sita na Rua Augusta, com oficinas de encadernação e tipografia na Rua do Arco da Bandeira (Lisboa). No ano seguinte, colaborou de novo no *Almanaque das Gargalhadas*, desta vez com a chancela de Verol Júnior — Livreiro, Rua do Arsenal, 80 (com novas edições em 1874, 1875 e 1876). Em 1873 sai o *Almanaque das Artes e Letras* (capa, frontispício e 14 desenhos de Rafael), que continua em 1875, e o *Almanaque de Caricaturas para 1874,* com capa, frontispício e 129 desenhos seus, que prossegue a publicação em 1875 e 1876. Colabora no *Almanaque para as Senhoras para 1877, Portugal, Brasil e Espanha*, no *Almanaque da Sr.ª Argot* (1876 e 1877) e no *Almanaque para toda a Gente* (1878). Foi autor das capas do *Almanaque dos Teatros*, de Mendonça da Costa, e do *Almanaque Camões* (1881), ilustrou o *Almanaque Bijou* (1881), brinde para os clientes da Casa Havaneza, e o *Almanaque Elegante de Lembranças para 1882.* Neste mesmo ano, lança o *Almanaque do António Maria*, integralmente por si concebido, com capa e 101 ilustrações, com nova edição em 1883-1884, desta vez com textos de Júlio César Machado e ilustrações de Rafael.

Em 1886, surge o *Almanaque dos Pontos nos ii*, periódico humorístico no qual se tinha metamorfoseado *O António Maria*. Para esta edição, Rafael apenas concebeu a capa e um pequeno anúncio, cabendo a autoria das 71 ilustrações a seu filho Manuel Gustavo Bordalo Pinheiro, e os textos a "Pan-Tarântula", pseudônimo de Alfredo de Morais Pinto. Trabalhos pontuais do caricaturista surgem no *Almanaque Preço Corrente da Casa Jerónimo Martins & C.ª*, brinde para 1886 (capa), no *Almanaque da Revista Ilustrada para o ano de 1891* (um desenho), no *Almanaque Portugal e Brasil para 1898* (um desenho), no *Brinde da Casa Chineza — Almanaque para 1898* (um anúncio) e no *Almanaque Ilustrado do Brasil-Portugal para o Ano de 1903* (alguns desenhos). Depois da sua morte, trabalhos de Rafael Bordalo Pinheiro são reproduzidos em *Marte — Almanaque para 1906* e no *Almanaque Republicano para 1907.*

Gomes de Brito, no estudo que publicou em 1919 no *Boletim Bibliográfico da Academia das Ciências de Lisboa**, passa em rápida revista a obra de Bordalo Pinheiro, seguindo-se um inventário meticuloso dos seus trabalhos e uma extensa bibliografia, da autoria de Álvaro Neves**. Com a referência número 30 surge o almanaque reproduzido neste volume, considerado de enorme raridade. Na verdade, a edição ali referida é de 1879, com a

* "Rafael Bordalo Pinheiro", *Boletim Bibliográfico da Academia das Ciências de Lisboa*, Primeira Série, Volume II, Fascículo n.º 2, dezembro de 1919, pp. 70 a 80.

** Idem, pp. 81 a 155. Ambos os trabalhos foram publicados autonomamente em 1920 pela Academia das Ciências, numa brochura com 91 páginas.

indicação de ser da autoria de Rafael Bordalo Pinheiro o "frontispício e 64 desenhos originais". A edição aqui utilizada ostenta a data de "4881", possivelmente 1881, e a falsa indicação de ter sido impressa em Paris, na Imprimerie V. le Chaste, com morada igualmente improvável e sugestiva: Rue de la Pudicité n.º 69... Trata-se de um almanaque com uma estrutura semelhante aos demais, com calendário, adágios, adivinhas, canções, enigmas e textos pseudocientíficos, alguns dos quais alusivos às viagens africanas ou aos progressos no campo das ciências naturais. Mas a temática é totalmente distinta, incidindo sobre uma realidade clandestina, licenciosa, que constituiu sempre um rio subterrâneo ao longo da história e da cultura europeias.

António Ventura

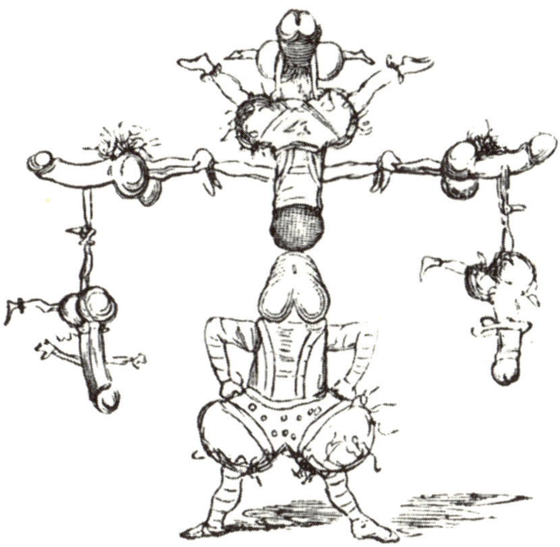

O Pauzinho do Matrimónio
foi impresso na Edigráfica,
em papel Pólen Bold de 80 g,
no mês de outubro de 2015.